创新创业教育系列教材

投身创新演练
淬炼创业本领

主　编　袁　宏
副主编　周英辉

中国经济出版社
CHINA ECONOMIC PUBLISHING HOUSE
北　京

图书在版编目（CIP）数据

投身创新演练 淬炼创业本领 / 袁宏主编；周英辉副主编． -- 北京：中国经济出版社，2025.7. -- ISBN 978-7-5136-8259-6

Ⅰ．G647.38

中国国家版本馆CIP数据核字第2025QC0757号

策划编辑	崔姜薇	
责任编辑	罗　茜	
责任印制	李　伟	

出版发行	中国经济出版社	
印　刷　者	北京科信印刷有限公司	
经　销　者	各地新华书店	
开　　本	787mm×1092mm　1/16	
印　　张	13.5	
字　　数	228千字	
版　　次	2025年7月第1版	
印　　次	2025年7月第1次	
定　　价	49.00元	

广告经营许可证　京西工商广字第8179号

中国经济出版社　网址 http://epc.sinopec.com/epc/　社址 北京市东城区安定门外大街58号　邮编 100011

本版图书如存在印装质量问题，请与本社销售中心联系调换（联系电话：010-57512564）

版权所有　盗版必究（举报电话：010-57512600）

国家版权局反盗版举报中心（举报电话：12390）　　服务热线：010-57512564

创新创业教育系列教材编委会

主　　任：陈　啸

副 主 任：林伟智

委　　员：（按姓氏笔画为序）

　　　　　王　雪　　刘　璐　　刘佳音　　江　静

　　　　　谷蕴韬　　周英辉　　袁　宏　　崔晓会

　　　　　程海亮　　颉静莉

练就鹰一样的眼光，狼一样的力量
——写在创新创业教育系列教材发行之际

海口经济学院董事长 曹成杰

> 鹰翔万里而不颓，是因为有眼光有志向
> 狼跃千里而不惧，是因为有智慧有力量
>
> ——题记

习近平总书记在党的二十大报告中强调"必须坚持科技是第一生产力、人才是第一资源、创新是第一动力"，深刻指出了创新在国家发展中的核心地位，将科技、人才和创新视为推动社会进步与经济发展的关键因素。海口经济学院确立的"加强应用型研究，培养创新型人才，建设创业型大学"的目标不仅是对党中央号召的积极响应，更是契合了时代发展的要求，一经提出就得到了社会和高等教育界的广泛认同。

近年来，学校以建设创业型大学为总揽，以培养创新型人才为目标，全面推进创新创业教育与人才培养深度融合，并采取多部门联动、多项目交叉、多举措融合的建设路径，扎实推进创新创业教育改革。学校成立创新创业学院，负责开展学生的创新创业系列课程教学及各类创新竞赛活动；成立创业管理处，负责学生企业注册及相关项目管理；建设10000多平方米的创新创业大厦，承接学生公司企业孵化；设立大学生创新创业发展基金，资助学生创业；建立政策激励机制，鼓励教师把产业和行业的新理论、新技术、新工具、新应用融入与更新到教学内容，有效指导与培养学生的创新思维、创业意识和创新创业能力；多途径建设校院两级创新创业协同共建基地，打造出以创新创业项目为核心，从学生入学到最终就业、创业的一体化创新创业教育生态圈。

学校全面修订人才培养方案，采取"9+1项目"模式，通过分层教学，使创新创业教育融入人才培养全过程。具体来说，大一学生接受创新创业教育，通过学习和训练，培养学生创新创业思维，初步掌握创新创业技能；大二学生接受职业生涯规划教育，引导在校大学生对自己的学业和职业生涯，制定现实可行的规划；大三学生在完成理论学习的同时，开展创新训练计划，并借此将大学生创新训练计划内伸外延至人才培养体系以及创业项目的选育、孵化和初创等环节中，以此形成一个闭环式创新创业教育体系，使创新意识培养与创业能力提高实现有机统一，最终达到"四进"（进教材、进课堂、进头脑、进项目）的目标；大四学生接受就业指导教育，帮助其提升求职竞争力，顺利实现从校园到职场的过渡，从而形成贯穿大学四年的全程化生涯发展教育体系。这种学习和训练，既是对有创业意愿的大学生系统的学习和规划，又是对暂时没有创业意愿或是对自己是否适合创业还不能确定的大学生的正确引导。

学校的创新创业教育工作受到教育部高教司、海南省教育厅的充分肯定。2017年，学校先后三次在海南省和全国会议上做典型发言；2017年8月26日，《海南日报》专版报道学校创新创业教育工作情况。2016年7月，学校被教育部评为"全国高校首批创新创业50强"。2017年3月，学校创业孵化基地又被评为共青团中央全国首批29家"大学生创业示范园"；5月，海南省教育厅正式发文确立学校为海南省首批深化创新创业教育改革示范校。2021年6月，学校被海南省教育厅授予"示范应用型本科高校"，这是海南省乃至全国第一所省级示范应用型本科高校。2023年5月，学校创业孵化基地被海南省人力资源开发局认定为"海南（青年）公共创业孵化基地"。2025年4月，教育部正式公布中国国际大学生创新大赛（2024）获奖名单。经权威教育评价机构"麦可思研究"统计发布，海口经济学院以优秀的创新教育成果和赛事表现，成功入选"国家级创新大赛100强高校"榜单。今后，学校将继续以大赛作为创新创业教育的重要抓手，坚持以赛促教、以赛促学、以赛促改、以赛促创，将创新创业教育与专业教育相融合，以创新引领创业，以创业带动就业，扎实有效地推进创新创业示范高校建设工作。

古人云："读万卷书，不如行万里路。"习近平总书记也曾说过，当代大学生接触得更多的是书本上的理论，但书里有水分，只有与实践相结合，才能蒸发水分，得到真正的知识。学校正是按照习近平总书记的指示，认真思考如何针对自身不同特点，编撰适合本校大学生的系列教材。《创新引领未来　创业成就梦想》《规划职业理想　成就精彩人生》《掌握求职技巧　开启职业之门》《投身创新演练　淬炼创业本领》，正是这样一套以"创新引领、实践育人"为核心理念，致力于培养具有家国情怀、创新精神和实践能力的高素质应用型人才的系列校编教材。

同学们，海阔凭鱼跃，天高任鸟飞。只要你有意愿，学校就会倾力支持。让我们携手同行，在建设创新型国家的征程中，书写属于海口经济学院学子的青春华章！

2025年5月于海口桂林洋

目 录 CONTENTS

第一章　创新创业基础知识认知 ·· 1
　　模块一　大学生创新创业认知 ·· 1

第二章　创新思维训练 ··· 10
　　模块二　激发创新意识 ··· 10
　　模块三　识别思维障碍 ··· 16
　　模块四　拓展创新思维 ··· 26
　　模块五　掌握创新方法 ··· 35

第三章　创业精神与能力培养 ·· 53
　　模块六　培养创新创业精神 ·· 53
　　模块七　增强创业意识 ··· 63
　　模块八　提升创业能力 ··· 70

第四章　自我评估与团队组建 ·· 82
　　模块九　从创业者角度进行自我评估 ······························ 82
　　模块十　组建创业团队 ··· 97

第五章　创业机会识别与商业模式分析 …… 112
模块十一　寻找创业项目 …… 112
模块十二　商业模式分析 …… 125

第六章　市场评估与创业环境 …… 146
模块十三　创业市场评估 …… 146
模块十四　创业环境政策 …… 156

第七章　商业计划书 …… 163
模块十五　撰写商业计划书 …… 163

第八章　创业组织管理及运行 …… 169
模块十六　新企业的创立与生存 …… 169
模块十七　新企业的管理与运行 …… 183

附录一　我国关于创新创业的政策和通知（选） …… 194
附录二　海南省关于创新创业的政策和通知（选） …… 196
参考文献 …… 202
编后记 …… 206

第一章　创新创业基础知识认知

模块一　大学生创新创业认知

我国高校大学生渴望创新创业，但他们对自己的创新创业能力缺少自信，内心充满矛盾和焦虑，既向往创业、渴望创业，又害怕创业、担心创业。因此，创新创业实践活动就变得尤为重要。本模块旨在帮助同学们了解什么是创新，并探讨大学生对创业的看法以及创新创业的逻辑关系和大学生创新创业的现状。

实训一　大学生对创新的认知

【实训目标】

1. 通过本节实训，学生能够真正了解什么是创新。
2. 培养学生根据调研目的设计问卷的能力。
3. 锻炼团队合作能力，提高文字综合水平。

【实训流程】

流程一　阅读教材第一章，理解消化创新的概念、含义、意义

1. 创新的概念：

_____

2. 创新的含义：

_____

3. 创新的意义：

_____

4. 举例说明你日常接触到的创新成果及其对你生活的影响。
_____

5. 上网查找大学生创新的典型案例。
_____

借鉴意义：
_____

流程二 7~10人组成一组完成调查问卷

1. 明确组员分工，哪些人负责设计问卷题目，哪些人负责调研，哪些人负责数据整理、分析。
_____

2. 问卷包含10个题目，至少包括以下内容。

你是否认为没有创新就不能创业？为什么这么认为？
_____

我毕业之后就业，不创业，我还需要创新吗？
_____

举例说明你身边通过创新发明创业成功的案例。
_____

举例说明你身边没有创新成果，创业也能成功的案例。
_____

流程三 完成调查问卷的统计分析，格式如下

关于大学生对创新的认知的调查分析

本次调研共完成调查问卷_____份，每个题目答题情况如下。
_____

我们的结论是：
_____

小贴士

怎样做好问卷调查

一、设定调查范围

1. 设定调查问题的范围，关键是要从选题的目的和需要着眼，绝不能偏离；

2. 对问题回答的可能性要有一个基本的估计，有些属于个人隐私的问题，恐怕不易得到答案；

3. 切忌问题太多，导致完成问卷的时间太长。

二、写出具体问题

1. 所列问题应简单明确；
2. 消除受访者的疑虑，一般一个问题只包含一个调查指标；
3. 问题不带倾向性，不能诱导受访者回答；
4. 同类问题排列在一起，问题排列的先后以先易后难为原则，开放性问题尽量放在后面。

三、问卷内容

调查的目的、答题说明、问题和选项、受访者背景资料、致谢。

四、问卷要点

1. 指示要清楚、明确；
2. 问卷前面的问题是比较容易回答的；
3. 供选择的答案项目要尽列，也应包括"不知道""不适用""其他"之类选项；
4. 同一个题目的所有选项必须相互排斥；
5. 问题的用词要精确及适当；
6. 问题要具体；
7. 问卷的布局要美观、清晰；
8. 预留足够的空间给受访者填写资料或意见。

实训二 大学生对创业的看法

【实训目标】

1. 通过分析调研数据，了解大学生对创业的普遍看法。
2. 锻炼学生分析数据的能力，并提高其总结、写作的能力。

【实训流程】

流程一 每个学生至少回收20个人的调查问卷

大学生对创业的看法

1. 你对大学生创业的态度是 （　　）

   A. 支持大学生的创业活动

   B. 不支持大学生的创业活动

   C. 无所谓，表示中立

2. 在校期间你是否有过创业的愿望？　　　　　　　　　　　　　（　　）

　　A. 是　　　　　　B. 否　　　　　　　C. 观望一段时间再说

3. 你有过创业的经历吗？　　　　　　　　　　　　　　　　　（　　）

　　A. 有过　　　　　B. 没有

4. 你认为学校的创业教育对大学生是否重要？　　　　　　　　（　　）

　　A. 重要　　　　　B. 比较重要　　　　C. 一般

　　D. 不太重要　　　E. 不重要

5. 你对创业的理解是　　　　　　　　　　　　　　　　　　　（　　）

　　A. 在自己感兴趣的领域开办一家企业（公司）

　　B. 手里至少要有一项创新成果

　　C. 随意开创一份事业就叫创业，比如开一家奶茶店

　　D. 没有创新就不能创业

6. 如果你进行创业，目的是什么？　　　　　　　　　　　　　（　　）

　　A. 赚钱

　　B. 用专业知识、智慧为社会创造财富

　　C. 自我实现，做自己想做的事情

　　D. 崇尚弹性工作时间和空间，能自由支配

　　E. 我有能力，要通过创业的方式证明给大家看

　　F. 我担心毕业找不到工作

　　G. 想自己当老板，不想为别人打工

7. 你认为创业的最佳时期是什么时候？　　　　　　　　　　　（　　）

　　A. 大学期间

　　B. 应届毕业以后

　　C. 工作几年，有一定的经验之后

　　D. 有合适的机会就干，没有特定的时间

8. 如果创业，你会选择哪个领域？　　　　　　　　　　　　　（　　）

　　A. 与自身专业相结合的领域

　　B. 当今的热门领域（如5G、物联网等）

　　C. 自己感兴趣的领域

　　D. 启动资金少、容易开业且风险相对较低的行业

9. 如果创业，你会从哪个渠道筹集初始资金？　　　　　　　　（　　）

　　A. 政府设立的创业专项基金或优惠贷款

B. 银行等金融机构贷款

C. 风险投资

D. 父母、亲友的资助

E. 自有资金

10. 你对国家出台的扶持大学生自主创业方面的相关政策和法规　　（　　）

　　A. 经常关注，很清楚　　　　　　B. 偶尔关注，比较清楚

　　C. 不主动关注，知道一点　　　　D. 一点也不知道

11. 你目前掌握的创业知识和技能能满足创业要求吗？　　（　　）

　　A. 满足　　　B. 基本满足　　　C. 说不清　　　D. 不满足

12. 大学生创业相对于其他社会人士创业具有什么优势？　　（　　）

　　A. 年轻有活力，敢于拼搏

　　B. 综合素质高

　　C. 学习能力强，有创新精神

13. 大学生创业较为困难，你认为主要的原因是　　（　　）

　　A. 缺乏资金

　　B. 缺乏创业知识和经验

　　C. 缺少自己开发的新产品

14. 你的父母是否曾创业或者拥有自己的公司？　　（　　）

　　A. 是　　　　　　　　　B. 否

15. 你的专业：_____　年级：_____

流程二　整理调研结果，进行数据分析、总结

统计出每道选择题答案占比，整理如下。

1. _____
2. _____
3. _____
4. _____
5. _____
6. _____
7. _____
8. _____
9. _____
10. _____

11. _____
12. _____
13. _____
14. _____
15. _____

综上所述，得出的结论是：
_____
_____

小贴士

如何对调查问卷的结果进行分析

在调查问卷经过制作、发布、数据录入后，最重要的就是进行结果分析。那么，对于非专业人士，我们如何通过问卷分析得出准确的结果呢？

首先，明确制作调查问卷的初衷，也就是目的是什么。因为我们只有紧紧围绕这个目的进行分析，才能得到准确的结果，问卷中设立的问题和选项与我们的目的具有一定的相关性。

其次，依据调查结果，对每一项问题的回答情况进行统计。这些数据会直接反映出被调查人员的行为和心理状况，以及他们对问题的认知程度。

最后，整理分析数据。这也是调查问卷的最重要的环节，因为数据分析结果会告诉调查者一些具体的情况。比如，调查10个人的午餐情况，其中6人每天都吃午餐，3人有时吃午餐有时不吃，1人不吃午餐。从中我们可以看出，60%的人有吃午餐的习惯，30%的人存在午餐不规律的情况。再深入分析会得出多数人是重视午餐的，只有少数人对午餐还没有足够重视的结论。

还有一些图形分析的方法，举例如下。

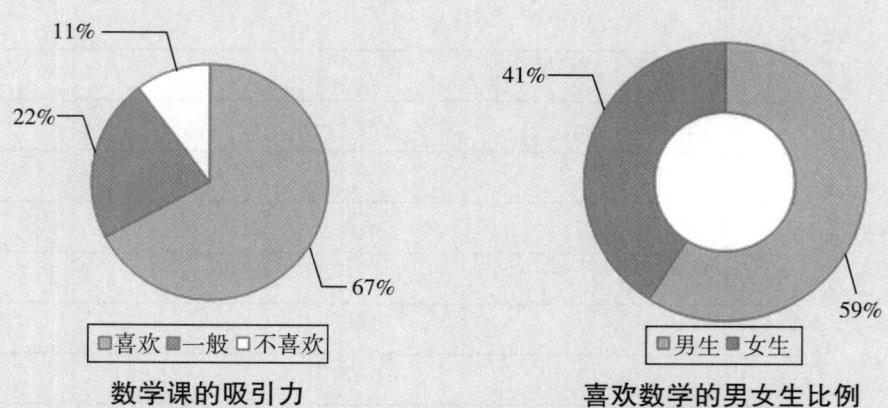

数学课的吸引力　　　喜欢数学的男女生比例

无论用哪一种方法进行分析，我们都要注意的一点是重视客观实际，因为只有这样才能得到更加准确的分析结果。

实训三　创新创业的逻辑关系

【实训目标】
1. 在前两个实训的基础上，清晰认识创新和创业的关系。
2. 了解岗位创新的内容。

【实训流程】
流程一　学生7~10人组成一组，分组完成对创新创业关系的总结

流程二　了解岗位创新的含义，分组讨论在未来的工作中如何实现岗位创新

流程三　每组选出一名代表，总结本组观点并发言

实训四　大学生创新创业的现状及典型案例分析

【实训目标】
1. 通过查找各类资料，了解我国大学生创新创业的现状。
2. 学会总结、提炼，提高写作能力。
3. 学会制作PPT，锻炼表达能力。

【实训流程】
流程一
1. 7~10人一组，收集本地政府关于大学生创业的优惠政策。

2. 查找大学生创新创业的典型案例，讨论本组的汇报提纲。

流程二
1. 撰写汇报提纲。

2. 依据汇报提纲编制PPT，PPT至少要包含以下内容。

你收集到的政府发布的关于大学生创业的优惠政策有哪些？
_____

你调研的结果反映出的大学生创新创业的现状是什么？
_____

大学生对创新创业的看法是什么？
_____

你从网上找的案例是：
_____

这个案例成功或失败的原因都有哪些？
_____

你可以从中吸取哪些教训？
_____

3. 指定专人进行汇报。
_____

流程三 小组成员对汇报的情况进行总结
_____
_____

小贴士

PPT制作技巧

我们经常听到这样的言论："PPT制作就是把Word里面的文字复制到PPT上。"这是对PPT的一种误解。PPT的本质在于可视化，把原来晦涩难懂的抽象文字转化为图表、图片、动画以及声音等，构成生动的场景，以求通俗易懂。

1. 放松身心

如果把一本小说贴在墙上，相信你看半个小时就会腰酸背痛；如果把小说拍成电视剧，也许你看上一天也不觉得疲惫，就是这个道理。

2. 容易记忆

传统的PPT，你需要观众记住的是文字，这个难度太大了，即使记住了也容易忘记；而形象化的PPT，可以让观众轻松记住其中的图形逻辑或结论，也许三五年后人们仍然能够记忆犹新。

把那些无关紧要的内容大胆删除，把长篇大论的文字尽量提炼，也许刚开始你不习惯，也许你做的还是很粗糙，别放弃，总有一天你会让观众对你赞不绝口。有人会问："如果PPT没有文字，你让我讲什么？"的确，演示习惯的改变不是一朝一夕的事情，这依赖于演示者对内容的熟悉程度和对演示技巧的掌握程度。带着观众读文字是演示的大忌，杜绝这一条弊端，效果会逐步得到提升。

因此，我们说文字是用来瞟的，凡是瞟一眼看不清的地方就要放大，放大还看不清就删掉。文字是PPT的"天敌"，能减则减，能少则少；能转图片转图片，能转图表转图表。

第二章　创新思维训练

模块二　激发创新意识

创新意识是人类意识活动中一种积极的、富有成果性的表现形式，是人们进行创造活动的出发点和内在动力，是发挥创造性思维和创造力的前提。创新意识的激发可以从培养问题意识做起。问题意识可以促使人探索新知，主动发现问题，这是创新的第一步。而兴趣是最好的老师，是人们创新活动的内在动力。因此，我们要有意识地树立问题意识，培养创新兴趣。

实训一　树立问题意识

【实训目标】

1. 了解问题意识的内涵。
2. 了解问题意识的价值。
3. 了解并掌握树立问题意识的途径。

【实训流程】

流程一　分析《世界上没有愚蠢的提问者》

阅读以下案例，回答问题。

2004年7月，4位诺贝尔奖获得者到北京做演讲。每场演讲结束后，都会留出10分钟的时间让大家来提问。但非常可惜的是，全场1000多人竟没有一个人提问，鸦雀无声。他们不解地说："难道我们的理论就那么完美无缺，一点问题都提不出来了吗？太不可思议了！"

1. 以上案例反映了什么问题？你有什么感想？你认为什么是问题意识？

2. 如果你有幸去听一场讲座，你会提问吗？为什么？

流程二 分析《谁是最好的学生？》

阅读以下故事，回答问题。

20世纪初，在剑桥大学，维特根斯坦是大哲学家穆尔的学生。有一天，大哲学家罗素问穆尔："谁是你最好的学生？"穆尔毫不犹豫地回答："维特根斯坦。""为什么呢？""因为在我所有的学生中，只有他一个人在上我的课时总是流露出迷茫的神色，总是有一大堆问题。"后来，维特根斯坦的名气超过了罗素。有一次，有人问维特根斯坦："罗素为什么落伍了？"他回答说："因为他没有问题了。"

1. 以上故事说明了什么道理？你认为问题意识有什么价值？

2. 你在课堂或生活中会经常有意识地发现问题吗？请举例说明。

流程三 从"钱学森之问"开始思考

所谓的"钱学森之问"，就是"为什么我们的学校总是培养不出杰出人才？"

1. "钱学森之问"对你有什么启发？

2. 你认为应该从哪些途径树立个人的问题意识？

实训二 培养创新兴趣

【实训目标】

1. 认识兴趣的内涵。
2. 了解创新兴趣的作用。
3. 发现个人的创新兴趣。

【实训流程】

流程一　分析《诺贝尔奖获得者弗雷德里克·桑格》

阅读以下案例，回答问题。

两次荣获诺贝尔化学奖的英国生物化学家弗雷德里克·桑格说："我很幸运获得了两次诺贝尔奖。我的工作能得到认可是令人激动的，但真正的乐趣蕴含于工作本身。科学研究像发现新大陆，需要你不断地尝试以前没有尝试过的新事物。这些尝试有很多是没有效果的，但我在计划遭受挫折时从来不着急，我会开始设计下一次实验，整个探索的过程都充满了快乐。"

1. 弗雷德里克·桑格所说的话，说明了什么道理？你认为兴趣有什么作用？

_____

2. 你身边是否也有类似的案例？请举例说明。

_____

流程二　收集有关创新兴趣的名言警句

在网络和图书中查找5个名人有关创新兴趣的名言警句，并谈谈你对这几句话的感悟或理解。

人物	名言警句	个人感悟或理解

流程三　盘点个人创新兴趣

领域	你对该领域的哪个方面感兴趣	你认为这个创新兴趣的价值是什么

请将你个人的创新兴趣的情况罗列出来，并给予评估。

实训三　测评创新意识

【实训目标】

1. 检查自己的创新意识水平。

2. 明确自己的创新动机。
3. 了解自己的创业意愿。

【实训流程】

流程 你的创新意识强吗

你想知道自己是不是一个勇于尝试新事物、积极进取的人吗？完成以下测试，你就可以了解自己的创新意识了。

1. 在周末的晚上，不用做家务，你会　　　　　　　　　　　　（　　）

    A. 招来几个朋友，举办聚会

    B. 独自在家看电视

    C. 独自到林荫道散步，或到商店购买物品

2. 上次你改变发型是在什么时候？　　　　　　　　　　　　　（　　）

    A. 5年前

    B. 从未连续两天梳同样的发型

    C. 6个月前

3. 在餐馆进餐时，你会　　　　　　　　　　　　　　　　　　（　　）

    A. 点经常吃的菜，也尝试其他的菜

    B. 如果有人说新的菜好吃的话，会尝试新的菜

    C. 常点不同的菜

4. 你和家长刚旅行回来，旅途中经常下雨，朋友问你旅行的情况，你会

    （　　）

    A. 说那虽不是理想的旅行，但还过得去

    B. 抱怨天气，抱怨和家人旅行的不快

    C. 在描述可怕的旅途时，也提到景色的美妙

5. 你的学校为学生提供义务工作的机会，你会　　　　　　　　（　　）

    A. 立即登记，因为这可以获得社会经验和认识新人

    B. 知道其中的意义，但是因为个人活动多去不了

    C. 根本不考虑登记，因为你听说这样的工作太多了

6. 你和约会者吃完午餐，对方问你接下来做什么，你会　　　　（　　）

    A. 说"随便"

    B. 说"如果你喜欢，我们去看电影吧"

    C. 提议到新开的俱乐部去，因为听说那里很好玩

7. 在舞会上，给你介绍一个聪明的小伙子或姑娘，你会 （ ）

    A. 谨慎地和他/她交谈，话题一直限于天气、电影等日常

    B. 将自己的生平故事告诉他/她

    C. 将上周听到的笑话讲给他/她听，然后问他/她是否想跳舞

8. 给你提供一个机会，作为交换生到国外学习一个学期。由于时间紧迫，你会 （ ）

    A. 要求一周的时间考虑

    B. 立即准备行装

    C. 根本不考虑，因为之前制订的学习计划中没有此项

9. 你的朋友将他写的关于自由的文章发给你看，你不同意他的观点，你会 （ ）

    A. 假装同意，因为担心说真话会伤害你们之间的感情

    B. 将自己的感受告诉他

    C. 改变话题闲谈，避开问题

10. 你到鞋店打算买一双简朴实用的鞋，结果你会 （ ）

    A. 买一双鞋，正好是之前想买的

    B. 买一双红色的牛仔靴，既不简朴也不实用

    C. 买一双很流行的鞋，即使只能今年穿

记分方法

选项	题号									
	1	2	3	4	5	6	7	8	9	10
A	1	3	3	2	1	3	2	2	3	3
B	3	1	2	3	2	2	3	1	1	1
C	2	2	1	1	3	1	1	3	2	2

得分解析

24~30分：你的被动的、可预知的、消极的行为使他人感到不适。你应该走出你的房子，开展些户外活动。被动的活动，如看电视，使你的头脑变得迟钝。而当某些事不适合你时，不要发牢骚，以免令朋友不适。你要做出一些有创造性的行动。人们会被做出创造性行动的人吸引。如果你心胸开阔、敢于尝试的话，就不会令人不适，并能得到快乐。

17~23分：还算快乐。尽管你没有令人不适，但是你可令自己更快乐一些。

你应该走出你的房子，做些自己通常不会做的事情，例如，参观画廊、参加健美操兴趣班。

10~16分：非常快乐。你是个生龙活虎的人，他人认为你值得羡慕。对于有趣的事，你不但希望他人做，而且要自己做。你不以消极的态度使朋友不适，你采取的是乐观、开朗的态度。虽然你不可预知的特点有不利之处，但是和你在一起不会沉闷。

实训四　改进自我介绍

【实训目标】
1. 培养创新的兴趣。
2. 激发创新的意识。
3. 培养演讲和展示自我的能力。

【实训流程】
流程一　盘点自己的特征
你可以从生理自我、社会自我和心理自我三个方面来盘点自己与众不同的地方。

生理自我：_____

社会自我：_____

心理自我：_____

流程二　借助5种感官撰写自我介绍演讲稿
形式：集体参与　　时间：20分钟

将上述盘点的自我特征用5种感官来描述，形成一个"有创造力的我"，具体如下。

我的姓名是：_____

我是一名：_____

利用5种感官来介绍自己：

我看起来像：_____

我闻起来像：_____

我摸起来像：_____

我听起来像：_____

我品尝起来像：＿＿＿＿＿＿＿＿＿＿＿＿＿＿＿＿＿＿＿＿＿＿

我最近的冒险经历是：＿＿＿＿＿＿＿＿＿＿＿＿＿＿＿＿＿＿＿

流程三　创意演讲

根据流程二形成的"有创造力的我"的演讲稿，结合自身特征在班级自我推荐，锻炼创意演讲能力。

模块三　识别思维障碍

从发展心理学角度来看，人类的思维是从直觉的形象思维，逐步发展到抽象的逻辑思维的。这个发展过程通过大脑结构和功能的日益完善，以及不断学习和社会实践完成。思维障碍的临床表现多种多样，主要包括思维形式障碍和思维内容障碍。

思维形式障碍以联想过程的障碍为主，如联想过程加快、减慢，表象和概念之间非规律性的结合。思维内容障碍则主要表现为妄想、超价观念及强迫观念等。我们从创新思维的角度归纳了两大类思维障碍：一是定式思维，二是偏见思维。

实训一　识别定式思维

【实训目标】

1. 了解定式思维的概念和特点。
2. 学会识别定式思维。
3. 学会克服定式思维。

【实训流程】

流程一　有笼必有鸟——心理图式

一位心理学家和一个人打赌说："如果给你一个鸟笼，并放在你房间，那么你就一定会买一只鸟。"这个人同意打赌后，心理学家就买了一个非常漂亮的瑞士鸟笼给他。结果每个来他家的人都问："你的鸟什么时候死了？"他立刻回答："我从未养过鸟。""那你要一个鸟笼干什么？"他无法解释。

后来，只要有人来他家，就会问同样的问题。他的心情因此被搞得很烦躁，为了不再让人询问，他干脆买了一只鸟装进了空鸟笼里。

心理学家后来说，去买一只鸟比解释为什么他有一个鸟笼要简便得多。

人们经常是先在自己头脑中挂上鸟笼，最后就不得不在鸟笼中装点东西。

1. 有笼必有鸟的心理图式说明了什么道理？

_____

2. 你生活中发生过这样的心理图式吗？请举例说明。

_____

流程二 狗鱼思维——拒绝变化

思维定式一旦形成，有时是很悲哀的。这也是我们要不断学习新知识、新观念的原因之一。形势在不断变化，我们必须关注这些变化并调整行为。一成不变的观念将带来毫无生机的局面。

有一种鱼叫作狗鱼，很富有攻击性，喜欢攻击一些小鱼。科学家做了这样一个实验：把狗鱼和小鱼放在同一个玻璃缸里，在两者中间隔上一层透明玻璃。狗鱼一开始试图攻击小鱼，但是每次都撞在玻璃上。慢慢地，它放弃了攻击。

后来，实验人员拿走了中间的玻璃，但狗鱼仍没有攻击小鱼的行为。这个现象被称为"狗鱼综合征"。狗鱼综合征的症状是：①对差别视而不见；②自以为无所不知；③滥用经验；④墨守成规；⑤拒绝考虑其他的可能性；⑥缺乏在压力下采取行动的能力。

1. 狗鱼的思维定式说明了什么道理？

_____

2. 你生活中发生过拒绝变化的事情吗？请举例说明。

_____

流程三 阿西莫夫的智商——惯性思维

阿西莫夫是美籍俄国人，是世界著名的科普作家。

他曾经讲过这样一个关于自己的故事。有一个修理工对阿西莫夫说："博士，我考考你的智力吧，看你能不能正确回答。有一个聋哑人，想买几枚钉子，于是来到五金商店，对售货员做了这样一个手势：左手食指立在柜台上，右手握拳做出敲击的样子。售货员见状，先给他拿来一把锤子，聋哑人摇摇头。于是售货员明白了，他想买的是钉子。"

"接着进来一个盲人。这个盲人想要一把剪刀，请问，盲人将会怎么做？"

阿西莫夫说:"盲人肯定是用手做出一个剪刀的样子。"

听了阿西莫夫的回答,修理工开心地笑起来:"哈哈,答错了吧!盲人想买剪刀,只需要开口说'我买剪刀'就行了,他为什么要做手势啊?"

群体惯性的思维定式说明了什么道理?

_____

流程四　线性思维

线性思维是一种直线式的、单向的、单维的、缺乏变化的思维方式。用线性思维思考问题会得出非此即彼的简单答案。

看到1,2,3,4这组数字,如果让大家猜第5个数字是什么,大家一定会说是5,这就是用线性思维得出的答案。

在股市中,类似的例子比较多。比如,某企业收益连续以30%增长了5年,所以大家估计明后两年的增长会不低于25%。

线性思维在现实生活中有一定的科学性和存在意义,但是,我们需要在遵循现有的规律下,从多角度思考问题,得出不同的答案。

1. 线性思维说明了什么道理?

_____

2. 你生活中发生过线性思维的事情吗?请举例说明。

_____

流程五　失去的金子——习惯思维

一个穷人在一本书里发现了"点金石"的秘密。点金石是一块小小的石子,它能将任何一种普通的金属点化成纯金。点金石就在黑海的海滩上,和成千上万的与它看起来一模一样的石子混在一起,但秘密就在这儿。真正的点金石摸上去很温暖,而普通石子摸上去是冰凉的。

于是,他每天去摸,摸到冰凉的石子,他就将它扔到大海里。他这样干了一整天,却没有捡到一块摸起来是温暖的石子。然后,他又这样干了一个星期,一个月,一年,三年……可他还是没有找到点金石。他继续这样干下去,捡到一块石子,是凉的,将它扔到海里;又去捡起一块,还是凉的,再把它扔到海里;又去捡起一块……

有一天上午,他捡起了一块石子,而且这块石子是温暖的——但他依然随手就把它扔进了海里。他已经形成了一种习惯,把他捡到的所有石子都扔进海里。他已经习惯于做扔石子的动作,以至于当他真正想要的那一块石子到来时,他还是将其扔进了海里……

我们多次采取特定的一种思路处理问题，下一次采取同样的思路解决问题的可能性就越大。在一连串的思想中，一个个观念之间形成了联系，这种联系每利用一次，就变得愈加牢固一些，直到最后，这种联系紧紧地建立起来，以至于它们的连接很难被破坏。

1. 习惯思维说明了什么道理？

2. 你生活中遇见过习惯思维的故事吗？请与大家分享。

实训二　识别偏见思维

【实训目标】

1. 了解偏见思维的概念和特点。
2. 学会识别偏见思维。
3. 学会克服偏见思维。

【实训流程】

流程一　被经验淹死的驴子——经验偏见

一头驴子背盐渡河，在河边滑了一跤，跌进水里，那盐溶化了。驴子站起来时，感到身体轻松了许多。驴子非常高兴，获得了经验。

后来有一回，驴子背了棉花，以为再跌倒，可以同上次一样轻松许多，于是走到河边的时候，便故意跌倒在水中。可是，棉花吸收了水，驴子非但不能再站起来，而且一直向下沉，直到淹死。

人们总是跳不出经验的束缚，它甚至让一切最大胆的幻想都打上了个人经验的偏见。在一个偏僻的村子里，村里最漂亮的姑娘会被村民当作世界上最美的人，在没有看到比她还漂亮的人之前，难以想象还有更漂亮的人。在村里，它是真理；在全世界，它就是偏见。

1. 经验偏见思维说明了什么道理？

2. 你生活中遇见过经验偏见的故事吗？请与大家分享。

流程二　鸡眼思维——利益偏见

所谓"利益偏见"，不是指你的利益关系会导致你的理论出现有意识的明显偏颇，而是指一种无意识的偏斜——对公正的微妙偏离。

利益偏见更普遍的情况则是所谓的"鸡眼思维"，也就是马克思所说的："愚蠢庸俗、斤斤计较、贪图私利的人总是看到自以为吃亏的事情。"譬如，一个毫无修养的粗人，常常只是因为一个过路人踩了他的鸡眼，就把这个人看作世界上最可恶和最卑鄙的坏蛋。他把自己的鸡眼当作评价人们行为的标准。

"王婆卖瓜自卖自夸"，其实就是一种典型的利益偏见思维模式。

1. 利益偏见思维说明了什么道理？

———————————————————————————

2. 你生活中遇见过利益偏见的故事吗？请与大家分享。

———————————————————————————

流程三　不识庐山真面目——位置偏见

在一些企业里，老板总抱怨员工出工不出力、磨洋工，员工总抱怨老板发的钱太少、心太黑。这其实就是各自所处的位置不同，才导致双方似乎无法弥合思维差距。站在什么样的位置，就会得出什么样的认知。

"为了在白天观察星辰，我们必须下到井底；为了了解真理，我们必须沉降到痛苦的底层。"这就叫"思不出其位"。

1. 位置偏见思维说明了什么道理？

———————————————————————————

2. 你生活中遇见过位置偏见的故事吗？请与大家分享。

———————————————————————————

流程四　"情人眼里出西施"——文化偏见

一些美国留学生在读了《红楼梦》后，总是不解地问中国教授："为什么宝玉和黛玉不偷些金银财宝，然后私奔呢？"中国教授知道这不是一个简单的问题，很难用一两句话解释得清。

在一部中国电影中，一对青年夫妇发生了争吵，妻子提着衣箱怒冲冲地跑出公寓。这时，镜头中出现了住在楼下的婆婆，她出来安慰儿子："你不会孤独的，孩子，有我在这儿呢。"电影看到这儿，美国观众爆发出一阵哄笑，中国观众却很少会因此发笑。有一些中国家长把孩子看成自己的附属品，而不是一个独立的个体。

我们所有人都受到自己所在地域、国家、民族长期积淀的文化的影响，看待问题的角度不可避免地被打上文化的烙印。

1. 文化偏见思维说明了什么道理？

_____

2. 你生活中遇见过文化偏见的故事吗？请与大家分享。

_____

流程五　以偏概全——点状思维

在白纸上画一个黑点，而后问：你看到了什么？答案至少有一百种：芝麻、苍蝇、图钉、太阳的黑子、污迹……这些都是常规的联想，有的人的思维就更活跃一些，他可能会回答说："我看到了缺点""我看到了遗憾""我看到了损失"……

但是，为什么就没有想到其他的？为什么大家的眼睛仅仅盯住那个黑点，而没有看到黑点旁边的那一大片白呢？

正是这个黑点束缚和禁锢了我们的思维，使我们看不到其余更丰富的东西。某些人一件事情没有办好，就垂头丧气——"我真没用，我真窝囊，我是天底下最愚蠢的人"。

透过别人不经意的一句话或一件事就给某个人下定义——"他品质有问题"。其实，更重要的是我们要关注广阔的存在，而不是那个黑点。

1. 点状思维说明了什么道理？

_____

2. 你生活中遇见过点状思维的故事吗？请与大家分享。

_____

流程六　固执己见——刻板印象

有这样一个笑话：如果你的前面是一个发怒的重庆女孩，后面是万丈深渊，那么，奉劝你还是往后跳吧！这个笑话不能说没有一点道理，重庆女孩的泼辣，可以说是"盛名远播"。因此，一提到重庆女孩，首先浮现脑海的就是"泼辣"二字，丝毫不顾其中是否有被冤枉的"例外"，这就是所谓的"刻板印象"。

我们经常听人说的"长沙妹子不可交，面如桃花心似刀"，东北姑娘"宁可饿着，也要靓着"，实际上都是"刻板印象"。刻板印象是指人们对某一类人或事物产生的比较固定、概括而笼统的看法，是我们在认识他人时经常出现的一种相当普遍的现象。

1. 刻板印象思维说明了什么道理？

_____

2. 你生活中遇见过刻板印象的故事吗？请与大家分享。

实训三　克服思维障碍

【实训目标】

1. 了解克服创新思维障碍的训练方法。
2. 学会打破常见的思维障碍。
3. 学会提升创新思维能力。

【实训流程】

流程一　了解你的创新思维能力

1. 与别人发生分歧时，你会　　　　　　　　　　　　　　　　（　　）

　　A. 立即做出结论并付诸行动

　　B. 冷静，从多方面进行考虑

　　C. 不知所措

2. 对老师、长者和领导的意见，你会　　　　　　　　　　　　（　　）

　　A. 原封不动地接受

　　B. 有些疑问和想法

　　C. 同自己原来的意见结合起来

3. 买东西回来后，你是　　　　　　　　　　　　　　　　　　（　　）

　　A. 马上使用

　　B. 稍作改变再使用

　　C. 舍不得用，放很久再用

4. 工作学习有困难时，你会　　　　　　　　　　　　　　　　（　　）

　　A. 放弃初衷　　　　　B. 请教别人　　　　　C. 苦思冥想

5. 平时你比较喜欢　　　　　　　　　　　　　　　　　　　　（　　）

　　A. 打扑克，下围棋，下象棋

　　B. 看侦探小说、惊险电影

　　C. 看滑稽有趣的闹剧，同别人聊天

6. 休息天去公园，你喜欢　　　　　　　　　　　　　　　　　（　　）

　　A. 总是去固定的某个公园

B. 经常变换场所，更改地点

C. 听听父母、朋友等的意见再做选择

7. 你对智力游戏的态度是　　　　　　　　　　　　　　　　（　　）

　　A. 无所谓　　　　　　B. 很喜欢　　　　　　C. 一点都不喜欢

8. 针对日常生活里的东西，比如勺子，你能想到多少种新的用途？（　　）

　　A. 3~7种　　　　　　B. 8~15种　　　　　　C. 15种以上

9. 刷牙时发现牙床出血了，你的心理反应是　　　　　　　　（　　）

　　A. 怨牙刷不好

　　B. 担心会有牙周炎，赶紧去医院做检查

　　C. 先设法使牙床不出血

10. 当有人向你提出没有用的建议时，你一般会　　　　　　（　　）

　　A. 不予理睬

　　B. 看看有没有可取之处

　　C. 问他还有没有别的建议

答案解析

以上各题中，如果你的答案中"A"最多，说明你的创新思维能力较强；如果"B"最多，说明你的创新思维能力一般；如果"C"最多，说明你的创新思维能力很差。

流程二　分析思维定式的故事

阅读以下三则故事，谈谈如何弱化你的思维定式。

故事一：10美元

　　心理学家曾经设计了一种思维游戏，桌面上摆着一张10美元的钞票，钞票正中间压着一把竖直放置的没开刃的菜刀，菜刀上支撑着一根横过来的木杆，木杆的两端系着两个平衡锤一样的东西，稍微晃动就会倒下来。游戏要求参与者在保持木杆平衡的前提下把10美元的钞票取出来。经过多次尝试，参与者发现不管怎样小心翼翼，要想不碰到木杆便取出那张钞票几乎是不可能的。

　　其实，解决这个问题有一个极为简单的办法就是把钞票撕开，从刀刃压着的地方撕开，这样就能轻而易举地取出钞票。然而，绝大部分参与者都因想不到这个方法而一筹莫展。

　　由此可见，在现实生活中，人们已经不自觉地对钞票产生了一种崇敬的心理，因而从来没有想过要去撕破它。这种思维定式只有在一定的条件下才能显露出来，并构成了创新思维的障碍。

故事二：假如给我第二次生命

在美国出版的某读物上，曾经刊登过一位85岁老人的自白。这位老人说："假如给我第二次生命，我要努力犯更多的错误，而不会处处追求完美。我要变得更傻，不会再一本正经地对待那么多事情。我还要更加疯狂一些，给自己找更多更多的麻烦。"

这位老人大概是一生都生活得四平八稳，从来没有过出格的言行举止，因而到了人生的黄昏发出了这种"荒唐"的感叹。然而，如果他真的获得了第二次生命，他会"更傻""更加疯狂""犯更多的错误"吗？答案恐怕是不会。

正像丢了钱的人经常说："那些钱要是能找到，我就到饭店去大吃一通。"但是如果钱真的找到了，他又不舍得花钱去饭店里吃饭了。

故事三：有车一定要骑——心理图式

一个人推着一辆十分漂亮的自行车在街上步行。过了一会儿，路人甲从他身边经过，问："你怎么不骑车呀？"推车人坦然答道："不想骑便不骑。""不骑车又要推着辆漂亮的车，真是怪人！"路人甲嘟囔着走开了。

又过了一会儿，路人乙也经过推车人的身边，关心地问他："你的车子是坏了吗？"推车人有一些烦躁，说："没有！"路人乙继续问："你干什么不骑着它，而要走呢？"推车人不想多费口舌解释，路人乙便也走开了。

"你为什么不骑车呢？""你为什么要推着车呀？""你的车坏了吗？"推车人心里被搅得烦躁不堪，最后他干脆坐上了自行车，"噌"的一下骑走了。

1. 以上三则故事说明了什么道理？你是如何看待思维定式的？
   _____

2. 你的思维定式有哪些？
   _____

3. 你认为应该如何弱化思维定式？
   _____

流程三　打破思维定式训练

以下思考题中包含了思维定式，只有突破这些束缚才能得出答案。

1. 一位公安局局长在路边同一位老人谈话。这时，跑过来一个小孩儿急促地对公安局局长说："你爸爸和我爸爸吵起来了。"老人问公安局局长："这孩子是你什么人？"公安局局长说："是我儿子。"

   请你回答：这两个吵架的人是什么关系？
   _____

2. 在美国与墨西哥边境，看守警卫看到一个男人骑着自行车，自行车上放着一个箱子。警卫把那个男人叫下来，让他打开箱子，结果发现箱子里面全是沙子。第二天，这个男人又来了，他还是骑着自行车带着个箱子，警卫一看还是沙子。如此两个月，这个男人每天都穿过边境，每次都带着一箱沙子。警卫终于问道："两个月以来，你到底在走私什么呢？"男人回答："＿＿＿＿＿＿＿＿＿＿＿。"

3. 画一笔经过下图中的九个点，不重复描线，不多于4条线段。

参考答案

1. 公安局局长是女的，吵架的人是她爸爸和她老公，他们是翁婿关系。
2. 我走私的是自行车。
3.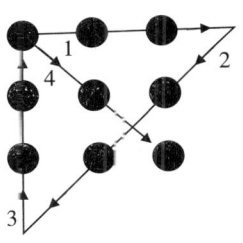

流程四　挑战思维定式

在实际生活中，要善于发现把自己困住的思维定式，勇于突破和挑战，为创新扫清思维上的障碍。

1. 请想一想，曾经被你当作权威的观点、言论、方法等，后来是否发现其实那并不正确，如老师、父母、专家或某个电视节目的观点等。请你写下相关的一些经历，让自己看到权威的并不都是正确的，即使是正确的，也有可能是有条件的，有时代性的，甚至所谓专家也鱼龙混杂，不能盲目相信。

_____

2. 选择一本书，进行"反读"，也就是带着质疑的眼光去看书，处处皆可质疑，提出自己的观点或是去查找相关资料，进一步确认书中的知识是否有误。总之，读书要有自己的思考，无论是否辩驳作者的观点。这种"反读"会让你不迷信书本的知识，有更多思考的能力和空间去查找学习更多的相关资料。在你运用这种"反读"的方法后，请记录下你的感想和收获。

_____

3. 在生活中，当你与周围的人想法不同或是有更好的想法时，要敢于提出来。哪怕只是一件很小的事情，也可以用于锻炼自己独立思考的能力，如课堂上的讨论、平时的聊天、购物的选择、周末决定做什么活动等。削弱从众型思维定式，不轻易随大溜，独立思考乃至做到别出心裁，提高创新能力。

请你写下克服从众心理的案例或故事。

_____

4. 你做事有没有遵从某些模式呢？比如，做家务、做作业、组织学生活动、兼职工作、体育运动乃至整个生活模式等。这些模式可能是你的习惯，也可能是自己或他人经验的传承，但未必是最好的。想一想：如果不按照这些模式的话，会如何呢？如果必须改进这些模式，你可以怎么做呢？

_____

模块四　拓展创新思维

创新思维是一个宝藏，每个人都有，等待你去充分挖掘。每个人的生活中也有很多充满创意、体现创新思维的事物，我们虽然在不知不觉中会使用创新思维解决问题，但是有时难免也会受思维定式和偏见的影响。其实，创新思维并不是天生的，可以通过有意识的训练来拓展。例如，头脑风暴、联想游戏、六顶思考帽等都是很好的办法。

实训一　联想思维

【实训目标】
1. 了解联想思维的训练方法。
2. 学会自由联想。
3. 学会强制联想。

【实训流程】
流程一　自由联想训练
请你说说，看到纸上密密麻麻的黑点时你会想到什么？

_____

流程二 联想思维大创造

1. 将每一组的两个词语联系起来，提出一个发明设想。

相框—鼠标：_____

窗户—烧烤：_____

雨水—椅子：_____

电话—窗帘：_____

钢笔—木板：_____

遥控—教材：_____

2. 邮票的四周打上齿孔，便于撕下。这个方法还能用于做什么事物？
_____

3. 你是否有来自大自然的创意设想呢？请你提出一个仿生联想创意。
_____

流程三 独自完成测验

托兰斯创造思维测验是由美国明尼苏达大学心理学教授托兰斯编制的（1966年），也是目前应用最广泛的创造力测验。托兰斯创造思维测验中最常用的是一系列不完整的图形测验，要求把未完成的抽象图形画完整。以下是两幅不完整图形，张开你想象的翅膀，完成富有创意的图画。

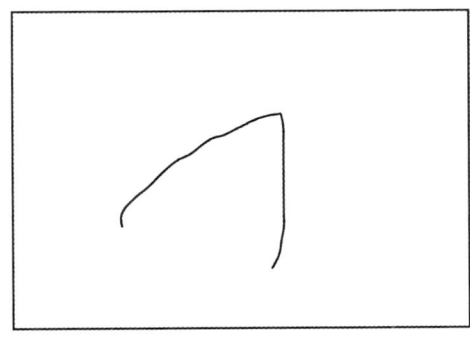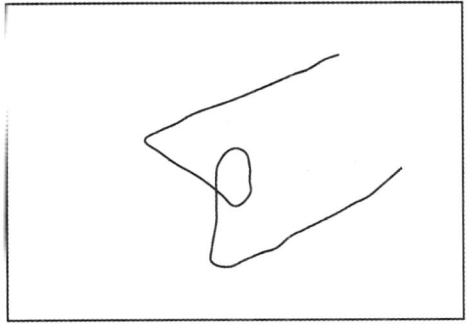

以下这道题也是来自托兰斯创造思维测验，请你提出尽可能多而独特的想法，并为你的想法提供细节，让其完整。

假设人们眨眨眼睛，就能够把自己从一个地方运送到另一个地方，那么会出现哪些事情呢？（时间3分钟）

实训二　发散思维

【实训目标】

1. 从多种思维发散点培养发散思维。
2. 培养发散思维，进行创新，并解决实际问题。
3. 小组交流思想，了解更多不同角度的发散思维成果。

【实训流程】

流程一　托兰斯创造思维测验

以下这道题来自托兰斯创造思维测验，考考你的发散思维。

这是一幅含义模糊的图画，请针对画面出现的情景，写下你能够想到的一切问题，从而帮助你更准确地了解这幅图中正在发生的故事，问题越多越好，越新奇越好。同时要想一想：其他人可能想不到的问题有哪些？

_____

流程二　从多种思维发散点出发

请根据以下思维发散点的指向打开思路，尽量在短时间内提出多而独特的答案。

1. 材料发散。

学校的饭卡有哪些用途？

_____

头发有哪些用途？

_____

钥匙有哪些用途?

_____

手机有哪些用途?

_____

2. 功能发散。

用哪些方法可以照明?

_____

用哪些方法可以走路?

_____

用哪些方法可以说话?

_____

3. 方法发散。

运用"敲"可以办成哪些事情?

_____

运用"点"可以办成哪些事情?

_____

运用"推"可以办成哪些事情?

_____

4. 结构发散。

什么物体是圆形的?

_____

什么物体是立方体的?

_____

什么物体是三角形的?

_____

实训三　聚合思维

【实训目标】

1. 学会收集信息，得出正确的结论。

2. 学会通过抽象、概括、比较和归纳的方法找出事物最本质的东西。

3. 学会以信息为证据得出科学结论，实现创新。

【实训流程】

流程一 分析《丰田之"追问到底"的管理方法》

阅读以下案例,回答问题。

在日本丰田汽车公司,曾经流行一种管理方法,叫作"追问到底"。通过这个方法,可以找出最终的原因。例如,某台机器突然停了,那就沿着这条线索进行一系列的追问。

问:机器为什么不转了?

答:因为保险丝断了。

问:为什么保险丝会断?

答:因为超负荷而造成电流太大。

问:为什么会超负荷?

答:因为轴承枯涩,不够润滑。

问:为什么轴承枯涩,不够润滑?

答:因为油泵吸不上来润滑油。

问:为什么油泵吸不上来润滑油?

答:因为抽油泵产生了严重磨损。

问:为什么抽油泵产生了严重磨损?

答:因为油泵未装过滤器而使铁屑混入。

追问到此,最终的原因就算找到了。给油泵装上过滤器,再换上保险丝,机器就正常运行了。如果不进行这一番追问,只是简单地换上一根保险丝,机器照样立即转动,但用不了多久,机器又会停下来,因为没有找到最根本的原因。

"追问到底"的管理方法对你有什么启发吗?该方法解决问题的步骤有哪些?

_____

流程二 结合运用聚合思维与发散思维

案例1:1960年,英国某农场主为节约开支,购进一批发霉花生喂养农场的10万只火鸡和小鸡,结果这批火鸡和小鸡大都得癌症死了。1963年,澳大利亚有人用发霉花生喂养大白鼠、鱼、雪貂等动物,结果被喂养的动物也大都得癌症死了。研究人员从收集到的这些资料中得出一个结论:_____

_____。

后来又经过化验研究证实了这个结论。

如果对这个问题再进一步发散思考，更全面深入地研究这个问题，你会想到什么呢？

案例2：第一次世界大战期间，法国和德国交战时，德军的侦察人员在观察战场时发现：每天早上八九点钟，都有一只波斯猫在法军阵地后方的一座土包上晒太阳。运用发散思维，据此你想到了什么或有什么疑问？

原来，法军一个旅的司令部在前线构筑了一座极其隐蔽的地下指挥部，指挥部的人深居简出，十分诡秘。不幸的是，他们只注意到了人员的隐蔽，而忽略了长官养的一只波斯猫。

德军根据对猫的观察得出几个方面的信息，最终得出结论：法军地下指挥部的位置就在那个土包下面。

请你筛选以上通过发散思维得出的想法，想一想：德军综合分析了哪些细节信息？根据这些信息，德军做出了哪些判断呢？

实训四　灵感思维

【实训目标】
1. 了解灵感思维的训练方法。
2. 掌握活跃灵感思维的技巧。
3. 主动训练个人灵感思维。

【实训流程】
流程一　描述物体
说出与"激情"相关的10种事物。

流程二　两两相关
找出"瓷碗"和"书本"的15个共同之处。

流程三　联想接龙
从"乌云"开始联想，要求后一件事物与前一件事物必须有联系。

流程四　生活中的灵感

每个人在生活中都很可能有大大小小的灵感，请分析一次你自己产生灵感的经历和过程。

1. 产生了哪方面的灵感？
_____

2. 分析灵感是如何产生的。

思考的程度：_____

积累的信息量：_____

带来启发的事物：_____

灵感产生于放松时吗？_____

实训五　直觉思维

【实训目标】

1. 了解直觉思维的训练方法。
2. 掌握活跃直觉思维的技巧。
3. 主动训练个人直觉思维。

【实训流程】

流程一　指尖训练

在生活中使用自己的指尖来解决一些事情，并记录下当时的感受。
_____

流程二　左手训练

在生活中使用自己的左手来解决一些事情，如用左手拿筷子、打球、画画、写字、吃饭等，并记录下当时的感受。
_____

流程三　自由联想

请以"大衣"为话题开始自由联想，并记录下联想的过程。
_____

请以"硬币"为话题开始自由联想，并记录下联想的过程。
_____

请以"银针"为话题开始自由联想，并记录下联想的过程。

流程四　挑战自我

请仔细盘点在生活中有哪些事情是自己办不到的，鼓足勇气尝试挑战这些平时无法办到的事情，并记录下结果。

请罗列平时生活中接触不到的人，按照难易程度由易到难一一去尝试沟通联系，并记录下结果。

流程五　冥想训练

专注、集中注意力对培养直觉很重要，冥想（打坐）可以帮助我们把理性、分析性的思维从大脑中转移出去，因而有助于培养直觉思维。冥想可以使你静心放松，有助于缓解压力。紧张和焦虑不仅不利于集中注意力，还会阻碍人们在各方面的直觉思维。

作为年轻大学生的你，也许对冥想这种安静的活动不大感兴趣，但试一试会有意想不到的效果：既能缓解压力，又能提高专注力以及培养直觉思维。美国威斯康星大学麦迪逊分校心理学与精神病学教授理查德·戴维森通过实验发现，训练冥想三个月，大脑分配注意力的能力将得到大大提高，使人在有限时间内注意到更多的目标对象。

让我们来看看冥想训练如何操作。

冥想训练通过把注意力集中在当前的时刻，训练大脑进入一种更高的意识和警觉状态。冥想是一种清醒而又警觉，平静而又专注的状态，使你学会不打扰自己。冥想训练与放松训练的不同之处在于：放松训练不需要大脑保持警觉或注意力集中，而且持续的放松状态会让你入睡。

刚开始冥想训练，可以从注意自己的呼吸开始。别想着改变它，只要意识到它即可。当你注意力分散或走神时，轻轻地把注意力拉回来，回到自己的呼吸上。集中注意力，并且让自己放松。随着不断练习，起初是件很费力的事，逐渐会变得易如反掌。为了培养直觉思维，通常情况之下，最好还是身体坐直（像打坐姿势一样）以保持精神上的敏锐。

培养直觉思维除了要身体放松和精力集中，还要善于坦然接受自己的感觉，任其存在，不去评价好坏，就不会想着改变它们而分散注意力，这会使你提高专注程度，并且更加能够聆听自己的内心。很多时候，当我们有意克制或改变内心感觉时，往往就把自己产生直觉能力的窗口关闭了。

冥想训练感受：
_____

实训六　逻辑思维

【实训目标】

1. 了解逻辑思维的训练方法。
2. 学会辩证地看待问题，灵活地使用逻辑。
3. 学会努力地汲取知识，积极地参与辩论，大胆地进行质疑。

【实训流程】

流程一　完成逻辑推理题：诚实与说谎

A、B、C、D 4个孩子在院子里踢足球，不小心把一户人家的窗户玻璃打碎了。可是，当房主人问他们是谁踢的球把玻璃打碎时，4个孩子谁也不承认。于是，房主人就问A，A说："是C打碎的。"C马上反驳："A说的不符合事实。"房主人又问B，B说："不是我打碎的。"再问D，D说："是A打碎的。"

已经知道这4个孩子当中只有1个孩子是老实人，不会说假话；其余3个孩子都不老实，说的是谎话。

请你帮助分析一下：这个说真话的孩子到底是谁？打碎玻璃的又是哪个孩子呢？为什么？

_____

参考答案

说真话的是C，打碎玻璃的是B。

推理如下：假如A说的是真话，那么B说的也是真话了，2个孩子都说真话，不符合所设条件，所以可以断定玻璃不是C打碎的。同理，D说的也不是真话，所以玻璃也不是A打碎的。只剩下孩子B与D了，假如打碎玻璃的是D，那么B与C都说了真话，所以打碎玻璃的必然是B了，而说真话的是C。

流程二　完成推理题：3升水怎么取得

假设有一个池塘，里面有无穷多的水。现有2个空水壶，容积分别是5升和6升，如何只用这2个水壶从池塘里取出3升水？

参考答案

1. 先把5升的壶灌满，倒在6升的壶里，这时6升的壶里有5升水。

2. 再把5升的壶灌满，用5升的壶把6升的壶灌满，这时5升的壶里剩4升水。

3. 把6升的壶里的水倒掉，再把5升的壶里剩余的水倒入6升的壶里，这时6升的壶里有4升水。

4. 把5升的壶灌满，倒入6升的壶，6升的壶灌满后，5升的壶里剩余的水就刚好为3升。

流程三 完成推理题：小王、小张、小赵的身份

小王、小张、小赵三个人是好朋友。他们当中有一个人下海经商，一个人考上了重点大学，一个人参军。此外，还知道以下条件：小赵的年龄比参军的大，大学生的年龄比小张小，小王的年龄和大学生的年龄不一样，请推论出这三个人的身份。

参考答案

参军的是小王，经商的是小张，大学生是小赵。

1. 如果小赵是参军的，那么据条件，小赵的年龄就比自己大，与实际矛盾，所以小赵不是参军的。

2. 如果小张是大学生，那么据条件，小张的年龄就比自己小，与实际矛盾，所以小张不是大学生。

3. 如果小王是大学生，那么据条件，小王和自己年龄不一样，与实际矛盾，所以小王也不是大学生。

根据2、3推断出小张、小王不是大学生，那么只有小赵是大学生了。

根据题意：小张年龄>大学生（小赵）年龄>参军的年龄。

所以，参军的是小王，经商的是小张，大学生是小赵。

模块五　掌握创新方法

创新方法是创新活动的有效智能性工具，不仅可以拓展思路，产生创新成果，还可以更好地省时省力解决问题，提高创造力和创新成果的实现率。大学

生可以通过训练，熟练掌握8种主要创新方法的程序和步骤，学会运用各种创新方法进行创新设计，提高创新能力。

实训一　奥斯本检核表法

【实训目标】

1. 明确奥斯本检核表法要提出的9个方面的问题。
2. 掌握奥斯本检核表法的实施步骤。
3. 学会运用奥斯本检核表法分析产品。

【实训流程】

流程一　选择并介绍某一种典型产品

根据自身的兴趣和实践需要，选择某一种典型产品，全面详细介绍该产品的相关信息。

1. 选择的典型产品的名称：_____
2. 该典型产品的介绍（如形状、材质、特性、价格、功能、使用方法等）：
_____

流程二　使用奥斯本检核表法的9个问题进行联想

根据产品需要解决的问题，参照表中列出的9个问题，运用丰富的想象力，强制性地一个个核对讨论，写出尽可能多的新设想。

奥斯本检核表法的9个问题

检核项目	新设想
能否他用	
能否借用	
能否改变	
能否扩大	
能否缩小	
能否替代	
能否调整	
能否颠倒	
能否组合	

流程三 提出改进创造方案

对提出的新设想逐一进行分析和筛选，结合实际需要，筛选出2~3个最有价值、最具创新性和可行性的设想，提出改进方案，创造出新产品。

实训二 头脑风暴法

【实训目标】

1. 掌握头脑风暴法的实施步骤和技巧。
2. 学会运用头脑风暴法分析和解决问题。

【实训流程】

流程一 明确头脑风暴法会议组织的步骤和要求

1. 明确会议目标。

研究会议主题，弄清问题的实质，找到问题的关键，设定解决问题所要达到的目标，千万不能无的放矢，最好将会议讨论的问题提前1~5天告诉与会者。

2. 确定参会人员。

选定参加会议的人员，一般以5~10人为宜，不宜太多。由于会议的特殊性，要精心挑选参会人员，与会者最好是来自不同专业、不同背景和不同岗位的人，同时要非常熟悉头脑风暴法的基本原则和流程安排。

3. 选择主持人。

主持人是头脑风暴法会议的领导者，会议的成功与否在很大程度上取决于主持人掌控会议能力的高低。因此，选择的主持人要认同与熟悉头脑风暴法的基本原则和组织流程。不仅要全面了解和把握会议的主题，还要能把控会场的节奏，调动参与者的积极性，鼓励与会者畅所欲言，激发他们的灵感。一般来说，主持人不能直率地发表意见，只能简单地说"很好，继续进行"或"很好，现在让我们改变一下方向"等，绝不能用自己的意见去评价双方的发言。

4. 确定记录员。

一般头脑风暴法会议需要选定2~3名记录员，记录员要全程记录参会人员发表的意见和内容，尽量详细具体，不要漏过任何一个细节，每个设想都要编上号，防止遗漏和方便评价。在会议记录中可不注重逻辑性，会后再进行归纳和整理即可。

5. 规定会议时间和地点。

会议一般是在1个小时以内，最好不超过2个小时。选择的地点和环境要好一点，会议室的布置不能太严肃，最好能让人感觉到轻松愉快，会议桌最好是圆桌，便于大家平等沟通交流，畅所欲言，发表意见。

6. 评价设想。

对设想的评价不要在同一天进行，最好是过几天，这样还有可能提出新的设想。在对设想进行评价时，要根据一些既定的标准进行筛选判断和综合改善，可以包括以下几个内容：设想的可行性、成本、可能产生的效果等。专家小组人员可以是提出设想的与会人员，但最好是问题的负责人，人数最好是5个人左右。会议上将大家的想法整理成若干方案，再根据一定的标准进行筛选，经过多次反复比较和优中择优，最后选出一个最佳的方案来。

流程二 运用头脑风暴法分析问题

运用头脑风暴法思考以下游戏中的问题。

灯和开关分别在不同的房间，一个房间里有甲、乙、丙三盏灯，另一个房间里则有控制灯的A、B、C三个开关。已知每个开关仅控制其中一盏灯，现在三盏灯都是关着的。假如，只能进这两个房间各一次，你能正确判断出各盏灯分别由哪个开关控制吗？

实训三　分析列举法

【实训目标】

1. 了解分析列举法的种类。
2. 掌握分析列举法的运用步骤和技巧。
3. 学会运用分析列举法产生创意，改进产品。

【实训流程】

流程一　运用特性列举法，对手机进行改进

1. 特性方面。

名词特性：_____

形容词特性：_____

动词特性：_____

2. 改进设想。
_____

流程二 运用缺点列举法，对快递进行改进

1. 缺点：_____
2. 改进设想：_____

流程三 运用希望点列举法，对教室进行改进

1. 希望点：_____
2. 改进设想：_____

流程四 运用成对列举法，设计多功能家具

1. 尽可能多地列举出各种家具及室内用具，比如，床、桌子、沙发、茶几、书架、台灯、衣柜、衣架、镜子、花盆架、电视、音响、梳子、鞋架、空调、窗帘等。

2. 对列出的家具和室内用具随意进行两两配对组合，比如，床和沙发、灯和衣架、桌子和书架、床和箱子、床和灯、镜子和柜子、电视和花盆架、音响和台灯、窗帘和遥控器、电视和桌子等，看看能够得出什么样的多功能家具来。

你的配对组合方案是：_____

3. 对所有的组合方案进行分析，阐述方案的可行性。这里的许多方案均可用于研发新式家具，有些方案事实上已经成了产品。比如，床和沙发组合就会成为沙发床，镜子和柜子组合就会做成带穿衣镜的柜子，床和箱子组合就会做成床底带有储物柜的组合床，窗帘和遥控器组合可形成遥控窗帘。

你的配对组合方案的可行性分析是：_____

实训四　组合创新法

【实训目标】

1. 掌握组合创新法的分类。
2. 掌握组合创新法的运用步骤和技巧。
3. 学会大胆发挥创造力，进行组合创新，设计出创造性方案。

【实训流程】

流程一 利用"当……遇到……会……"造句

请在5分钟之内完成尽可能多的句子，比如，"当蓝色遇到黄色时会变成绿

色""当我遇到你妈妈时会想起你""当你遇到蛇时会吓一跳"……

流程二 利用组合创新法设计多功能办公用品

1. 选择办公室里的12种物品分成两类写成两栏，每栏6种物品，如下表所示。

序号	1	2	3	4	5	6
第一栏	文件夹	办公桌	订书机	电话	计算机	公文柜
第二栏	椅子	碎纸机	电子台历	电灯	打印机	空调开关

2. 采取掷骰子的方式进行随意组合，选出组合的对象。例如，第一次掷骰子指示的是5和6，那么就是计算机和空调开关；第二次掷骰子指示的是2和3，那么就是办公桌和电子台历。以此类推。

你选出的组合是：＿＿＿＿＿＿＿＿＿＿＿＿＿

3. 写出你利用组合创新法设计出的多功能办公用品。

上面第一个组合设想可能的创意有：在计算机上设置程序控制空调开关；设计一个计算机遥控器，可以像控制电视机一样操作计算机等。上面第二个组合设想可能的创意有：带电子台历的办公桌，或者是用电子台历当背景的办公桌等。

你的组合设想的创意是：＿＿＿＿＿＿＿＿＿＿＿＿＿

流程三 物品组合集锦

请将下列物品进行组合，并写出组合的结果及功用。（至少5种）

大海 风 石头 火 水 树木 汽车 鼠标 电 云

实训五 和田十二法

【实训目标】

1. 掌握和田十二法的应用方法和技巧。
2. 学会运用和田十二法设计创意产品。

【实训流程】

流程一 查找生活中和田十二法的实际应用案例

在日常学习和生活中，查找和田十二法的实际应用案例，思考这些应用案例对自己的启发。结合案例，思考如何运用和田十二法为学习和生活提供便利。

1. 你收集的应用案例有哪些？

   _____

2. 这些应用案例对你有何启发？

   _____

3. 如何运用和田十二法为学习和生活提供便利？

   _____

流程二　利用和田十二法设计你的创意产品

选择以下任何一种或几种产品，利用和田十二法设计你的创意产品。

1. 运用"加一加"的方法创新具有新功能的自行车。

   _____

2. 运用"减一减"的方法创新计算机键盘。

   _____

3. 运用"扩一扩"的方法创新出多功能起子。

   _____

4. 运用"缩一缩"的方法创新老虎钳。

   _____

5. 运用"变一变"的方法创新一种新型涂料。

   _____

6. 运用"改一改"的方法创新一种新型文具盒。

   _____

7. 运用"联一联"的方法创新一种可加热的手套。

   _____

8. 运用"学一学"的方法创新设计出一种国旗升降装置。

   _____

9. 运用"代一代"的方法创新一种手持金属磨削机。

   _____

10. 运用"搬一搬"的方法设想能否将热处理的方法应用于塑料制品。

    _____

11. 寻找一种东西，运用"反一反"的方法将其反向利用。

    _____

12. 运用"定一定"的方法制定班级管理细则。

序号	项目	含义
1	加一加	能不能在既有物品上面添加什么？加高、加厚？增加时间、次数？与其他物品进行组合会怎样
2	减一减	能不能在既有物品上面减去什么？减高、减轻？减去时间、次数？能不能直接省略或者取消一部分
3	扩一扩	把既有的物品扩展或放大会怎样
4	缩一缩	把既有的物品压缩或缩小会怎样
5	变一变	改变既有物品的形状、颜色、味道、气味、次序会怎样
6	改一改	既有物品有什么缺点或不足？使用是否不便？如何改进
7	联一联	既有事物的结果与原因有何联系？对我们解决问题会产生什么帮助呢？把某些事物联系在一起会怎样
8	学一学	通过模仿一些事物的结构和形状会产生哪些构想？需要学习哪些技术、原理
9	代一代	既有事物能不能用另一种去替代呢？替代后会产生什么结果
10	搬一搬	既有事物挪到其他位置会怎样？还能发挥效用吗？能产生其他新的效用吗
11	反一反	把一件事或者一个东西上下、前后、左右、内外、反正进行颠倒，会有什么改变吗
12	定一定	要改进某个事物，或者解决某个问题，或者防止危险发生，或者提高效率，需要做出什么规定吗

实训六　思维导图

【实训目标】

1. 了解思维导图的结构。

2. 掌握思维导图的应用方法和技巧。

3. 学会在日常生活、学习、工作中运用思维导图。

【实训流程】

流程一　思维导图的由来

关于思维导图的由来有很多版本，但最可信的是托尼·布赞在采访中自己透露的那个故事。

年轻的托尼·布赞担任过家教，在与孩子打交道，并辅导他们复习的过程中，托尼·布赞开始了对笔记的研究。他发现传统的笔记是线性的，一行一行、一句一句地去写，托尼·布赞发现这样工整的笔记在帮助记忆方面没什么效果。

很自然地，他就思考有什么方法可以改变这种情况。他通过研究前人的经验与笔记，发现人的大脑对颜色、图像、线条、关键词更敏感、更容易记住，于是，这些要素就出现在了托尼·布赞的教学中，后来就有了托尼·布赞思维导图。

托尼·布赞曾担任微软、IBM、惠普、甲骨文、波音公司的教育顾问，并且还是英国、澳大利亚、新加坡等国家的教育顾问。美国的《时代》周刊称，思维导图的发明与牛顿发现万有引力、霍金写出《时间简史》有相同的意义。思维导图在全球有2.5亿的使用者。

1. 托尼·布赞的发现，对你有什么启发？

___

2. 你在日常生活中使用过思维导图吗？请分享你的经验。

___

流程二　达·芬奇的故事

在思维导图的发展历史中，还有一个著名的人物。达·芬奇是个伟大的画

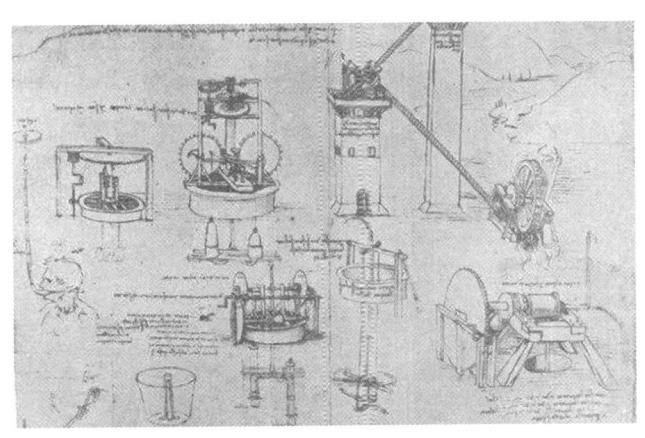

家，他的代表作有《蒙娜丽莎》，但很少有人知道他还是个出色的解剖学家和发明家。他在15世纪就已经画出了自行车降落伞的草图，而且发明了密码箱。通过研究达·芬奇的手稿，我们发现他所做的笔记有着思维导图的雏形。

1. 达·芬奇的笔记对你有什么启示？
_____

2. 在日常生活中，你是如何应用思维导图的？
_____

流程三　分享几种思维导图案例

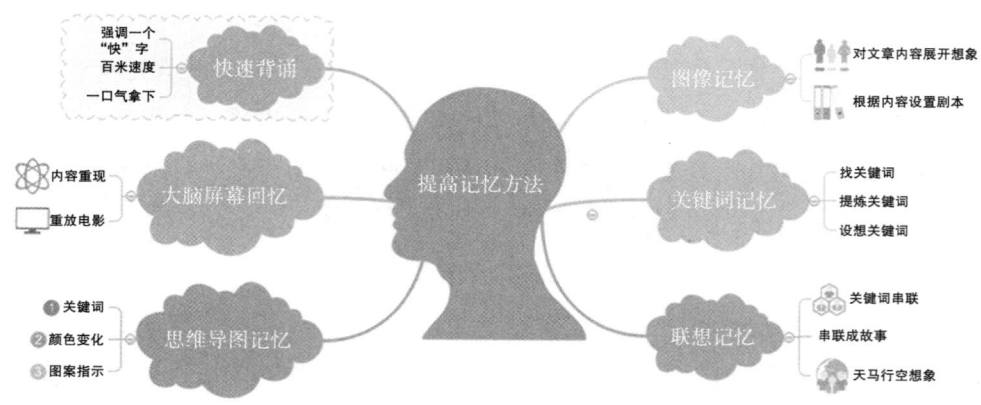

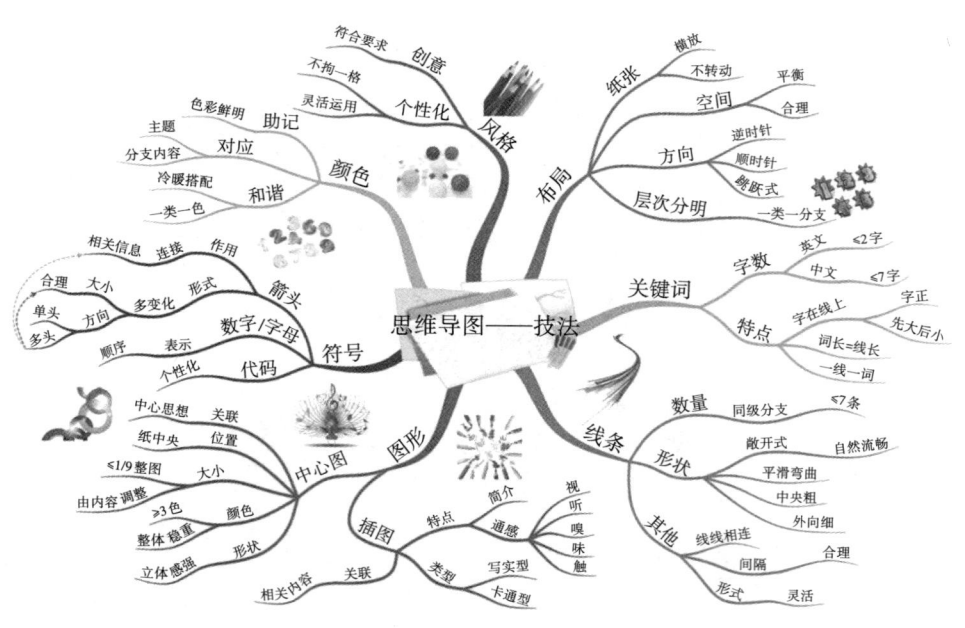

向孔子学做人

- **内省感恩 无往不胜**
  - 吾日三省吾身
  - 谦虚是一种美德
  - 小不忍则乱大谋
  - 不患无位，患所以立
  - 学会感恩

- **做人法则**
  - 诚信：言而必有信
  - 孝道：百善孝为先
  - 悔过：知错要悔改
  - 志向：匹夫不可夺志
  - 朋友：把握好交友的度
  - 宽容是一种境界

- **宁静致远 低调做人**
  - 少说多做，低调做人
  - 持之以恒，才能有所作为
  - 要懂得灵活变通

- **处世之道**
  - 听其言，还要观其行
  - 善变通，不唯我独尊
  - 道不同，不相为谋
  - 和为贵：善用正能量来处理各种关系
  - 执中致和：中庸的做人态度

- **德才兼备**
  - 小胜凭智，大胜靠德
  - 攻其恶，无攻人之恶
  - 君子成人之美，不成人之恶
  - 善于学习，等于选择了成功
  - 活到老，学到老

- **言行之道**
  - 流言止于智者
  - 尽量不说大话，说了就要做到
  - 欲速则不达，不要贪图小利
  - 行之以忠
  - 正人先正己

- **修身养性**
  - 非礼勿动，给人留下好印象
  - 近朱者赤，近墨者黑
  - 岁寒，然后知松柏之后凋也
  - 要做所在领域内的专家

- **快乐做人 快乐生活**
  - 像水一样多情，像山一样无忧
  - 黄连为哨，苦中寻乐
  - 改变环境，不如改变自己
  - 快乐在于自己的选择
  - 人无远虑，必有近忧

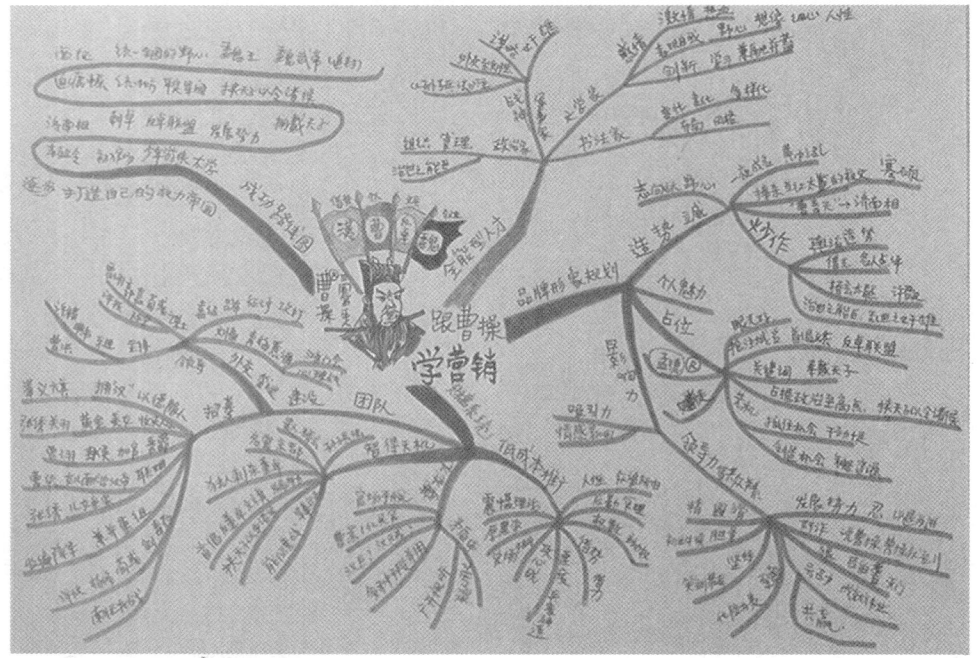

1. 思维导图的特点有哪些？
   _____

2. 你认为如何完成一幅思维导图呢？
   _____

3. 请运用思维导图技巧，完成本门课程的知识点总结图。
   _____

实训七 六项思考帽

【实训目标】

1. 了解六项思考帽的含义。
2. 掌握六项思考帽的使用方法和步骤。
3. 学会用六项思考帽进行工作、学习、讨论。

【实训流程】

流程一 六项思考帽的内涵

一、白色思考帽

白色是中立而客观的,代表信息、事实和数据。努力发现信息和增强信息基础是白色思维的关键部分。在使用白色思维时,将注意力集中在平行排列的信息上,要牢记3个问题:我们现在有什么信息?我们还需要什么信息?我们怎样得到所需要的信息?这些信息的种类不仅包括确凿的事实、需要验证的问题,也包括坊间的传闻以及个人的观点等。如果出现了意见不一致的情况,则可以简单地将不同的观点平行排列在一起。如果说冲突的观点尤其重要,也可以在稍后对其进行检验。

思考的真谛:白色思维可以帮助你做到像计算机那样提出事实和数据,用事实和数据支持一种观点,为某种观点搜寻事实和数据,信任事实和检验事实;处理两种观点之间的信息冲突,评估信息的相关性和准确性,区分事实和推论,明确弥补事实和推论两者差距所需的行为。

二、绿色思考帽

绿色是生命的颜色,代表生机。绿色思维不需要以逻辑性为基础,允许人们做出多种假设。在使用绿色思维时,要时刻想到下列问题:我们还有其他方法来做这件事吗?我们还能做其他什么事情?有什么可能发生的事情吗?什么方法可以克服我们遇到的困难?绿色思维可以帮助寻求新方案和备选方案,修改和去除现存方法的错误,为创造力的尝试提供时间和空间。

思考的真谛:绿色思维可以激发行动的指导思想,提出解释,预言结果和做出新的设计。使用绿色思维,我们会寻找到各种可供选择的方案以及会冒出新颖的念头。用一句话来说,与绿色思维密切相关的就是"可能性"。"可能性"也许就是思维领域中最重要的词语。"可能性"包括了在科学领域使用假设的工具。"可能性"为人类感知的形成、观点与信息的排列提供了一个框架,包括了不确定性的存在。绿色思维提出了"我们有什么样的想法"的问题。

三、黄色思考帽

黄色象征阳光和乐观,代表事物有合乎逻辑性、积极性的一面。黄色思维追求的是利益和价值,是寻求解决问题的可能性。在使用黄色思维时,要时刻想到下列问题:有哪些积极因素?存在哪些有价值的方面?这个理念有没有什么特别吸引人的地方?这样可行吗?

思考的真谛:通过黄色思维的帮助,我们可以做到深思熟虑,强化创造性方法和新的思维方向。要说明一个主意是有价值的或者是可行的,就必须给出理由。黄帽的问题是"优点是什么"或"利益是什么"。

四、黑色思考帽

黑色是逻辑上的否定,象征着谨慎、批评以及对风险的评估。使用黑色思维的主要目的有两个:发现缺点,做出评价。在使用黑色思维时,要时刻想到下列问题:有什么错误?这件事可能的结果是什么?黑色思维有许多检查的功能,我们可以用它来检查证据、逻辑、可能性、影响、适用性和缺点。

思考的真谛:黑色思维可以让你做出最佳决策,指出遇到的困难,对所有问题给出合乎逻辑的理由。黑色思维应当用在黄色思维之后,它是一个强效有力的评估工具;在绿色思维之前使用黑色思维,可以提供改进和解决问题的方法。总而言之,黑帽的问题是"哪里有问题"。

五、红色思考帽

红色使人想到热烈与情绪,是对某种事或某种观点的预感、直觉和印象。红色思维既不是事实也不是逻辑思考;它与不偏不倚的、客观的、不带感情色彩的白色思维相反。红色思维就像一面镜子,反射出人们的一切感受。

思考的真谛:使用红色思维时无须给出证明,无须提出理由和根据。红色思维可以帮你做到:你的情感与直觉是什么样的,你就怎么样将它们表达出来。在使用红色思维时,将思考时间限制在30秒内,30秒后就要给出答案。红帽的问题是"我对此的感觉是什么"。

六、蓝色思考帽

蓝色是天空的颜色,有纵观全局的气概。蓝色思维是"控制帽",掌握思维过程本身,被视为"过程控制";它常在思维的开始、中间和结束时使用。我们能够用蓝色思维定义目的、制订思维计划、观察和做结论,以及决定下一步。在使用蓝色思维时,要时刻想到下列问题:我们的议程是怎样的?我们下一步怎么办?我们现在使用的是哪一种帽子?我们怎样总结现有的讨论?我们的决定是什么?

思考的真谛:蓝色思维可以让你发挥思维促进者的作用,集中和再次集中思考,处理对特殊种类思考的需求,指出不合适的意见,按需要对思考进行总结,促进团队做出决策。蓝帽的问题是"需要什么样的思维""下一步是什么""已经做了什么思维"。

不同颜色的帽子分别代表着不同的思考真谛,企业家要学会在不同的时间戴上不同颜色的帽子去思考。创新的关键在于思考,从多角度去思考问题,只有绕着圈去观察事物才能产生新想法。

1. 六项思考帽对你有什么启发?

_____

2. 你在日常学习中如何使用六项思考帽?

_____

流程二 互联网家电企业的案例——六项思考帽的组合应用

几年前,一家诞生没多久的互联网家电企业由于砍掉了传统渠道等中间环节,将一款款设计精良、性能优异的"爆品"通过线上进行销售,在很短的时间内,领先同行竞品夺得市场第一份额。但不久之后的一些市场问题凸显出来了:销量下滑、投诉量增加,甚至很多地方开始出现了假货。

公司总结出最大的原因是缺乏线下体验和线下购买方式的多样化。而这是目前困扰公司的最大问题。于是,战略决策部门组织公司骨干一起商量对策,开始了一场六项思考帽的战略讨论。

蓝帽:确定主题,聚焦讨论重点。

设定讨论的议题:是否开设线下体验和线下购买体验服务来解决投诉问题?

白帽:梳理关键事实、数据和资料等信息。

1. 一个月内,"A"产品在线销量下滑了40%。
2. 在投诉量的统计上:线上、线下投诉的占比分别是35%和65%。
3. 线下投诉的70%是中老年人,绝大多数原因是功能使用不当。
4. 投诉电话接到投诉最多的两个问题是:线上"抢"不到产品、线下被骗而买到假货。
5. 多家自媒体在视频网站指责公司搞"饥饿营销"。
6. 广东省某一用户在当地数码市场买到假货,充电时短路造成重大损失。

黄帽:通过议题思辨,发现价值和机会。

1. 开设线下销售可以满足一部分不会在线购买的中老年用户的需求。

2. 开设线下销售可以向客户推荐配件或其他产品，提高客单价和毛利。

3. 有了线下体验环节，线下顾问可以协助指导客户使用产品，避免使用不当造成的客户投诉。

4. 线下终端和门店可以帮助客户进行免费验货、免费维护与保养，提升用户体验。

5. 开设线下销售可以提高企业形象和影响力，提高口碑。

黑帽：分析可能面临的问题、困难和风险。

1. 开设线下商店，租金成本、运营成本将大大增加。

2. 人力资源储备不够，一下子招募不到足够的人手满足线下销售和体验服务。

3. 公司定位是"互联网公司"，大规模开设线下渠道销售，有可能与公司定位矛盾。

4. 线下渠道投资增加，最终成本转嫁到价格上，用户利益将严重受损，这不符合经营理念。

5. 进一步开放线下销售，可能会使"黄牛"更加猖獗。

绿帽：针对黑帽发现的问题，创造性提出解决办法。

1. 储备一部分货源在原有的城市服务网点销售。（不增加额外租金成本）

2. 要求实名制购买产品，一张身份证只能购买一个产品。（防"黄牛"）

3. 每一个服务网点增设若干产品体验师，专职指导用户使用产品。（提升用户体验）

红帽：了解团队成员意见，保证最终决策一致。

会议发起者组织大家投票，90%的参会者同意执行开设线下销售服务。

蓝帽：形成最终决策及解决方案。

经过六顶思考帽的思考方式，决定如下。

1. 在原有的数百家服务网点基础上开通部分产品的线下销售，满足部分客户需求。

2. 用户凭身份证限购，严格管理，防止"黄牛"炒货。

3. 服务网点员工全员定期进行产品培训，以轮岗的形式服务每一名客户。

【案例结果】

该公司通过线上销售和线下服务的O2O模式，满足了不同用户群体的需求。在不增加运营成本的前提下，用部分已有的直营与授权服务网点开放销售，增加产品体验师的投入和培养，大大提高了用户满意度。原来困扰大家的客户投诉问题也得到了缓解。

1. 这家互联网家电企业的"蓝帽+白帽+黄帽+黑帽+绿帽+红帽+蓝帽"组合法，对你有什么启发？

_____

2. 如果你是该公司的组织者，你如何应用六项思考帽来组织会议讨论呢？

_____

实训八 快速记忆

【实训目标】

1. 了解快速记忆的核心要点。

2. 学会快速记忆的方法。

3. 掌握快速记忆对提高创新思维的益处。

【实训流程】

流程一

有经验的幼儿教师把阿拉伯数字0~9的形状做了形象性描述，并编成一首儿歌。内容如下。

1像铅笔细长条，2像小鸭水上漂，3像耳朵听声音，

4像小旗随风摇，5像秤钩来卖菜，6像豆芽咧嘴笑，

7像镰刀割青草，8像麻花拧一遭，9像饭勺能盛饭，0像鸡蛋做蛋糕。

1. 在日常生活中，形象记忆有什么作用？

_____

2. 生活中，你还知道哪些形象记忆的故事？分享给大家。

_____

流程二

有个学生做事总是丢三落四，总挨批评，他学了记忆方法后，心想以后做事不会再忘了。有一天，妈妈又要他去买牛奶、巧克力、咸鱼、豆腐和香肠。这一次，他灵机一动，将要买的东西与熟悉的人联系起来：奶奶牙口不好要吃豆腐，爸爸的下酒菜总是咸鱼，妈妈喜欢喝牛奶，妹妹总要吃巧克力，而班上一个女生经常说她最讨厌香肠。走进商店，他脑子里马上浮现出一个个熟悉的面孔。想到各人的脸，他就知道要买什么，再也不用担心会遗忘什么了。

1. 这则故事，对记不住事情的你来说，有何启示？

_____

2. 你日常生活中发生过记不住事的情况吗？你是如何克服的？

_____

流程三

以前，有位老师经常上山，上山前就会给学生布置作业，让学生去做，完不成作业的就要挨批。一天，这位老师又要上山，临走要学生背诵圆周率到小数点后第22位。这下子把学生难住了，他们反复地、机械地背，还是背不出，非常苦恼、害怕。有个聪明的学生联想到老师喝酒，于是运用谐音法和形象法编了一段，大家很快就背诵如流。他编了个什么故事呢？先把22位小数的圆周率介绍一下：3.1415926535897932384626。他编的故事是：山巅一寺一壶酒，尔乐苦煞吾；把酒吃，酒杀尔，杀不死，乐而乐。

这样一段故事，既形象顺口，又有意思，把一串无意义的数字连在一起搞活了。这就体现了将多种法则加以综合运用的好处，它也是人们善于灵活思考和想象的结果。有人运用这种方法能熟练背诵圆周率到小数点后一两万位，还有人能背很多个英语单词，真是太神奇了！

1. 你有什么关于圆周率的记忆方法吗？

_____

2. 你有难以记忆的东西吗？有什么办法可以记住吗？

_____

第三章 创业精神与能力培养

模块六 培养创新创业精神

创新精神是创业精神最核心的组成部分,属于科学精神和科学思想范畴,是进行创新活动必须具备的心理特征,是勇于抛弃旧思想、旧事物,创立新思想、新事物的精神,是一个现代人应该具备的素质。当代大学生在学习和实践中,应培养自身敢于冒险、忠于诚信、艰苦奋斗、乐于奉献、敢于质疑的精神,注重培育自身的创新创业精神。

实训一 树立冒险精神

【实训目标】

1. 了解冒险精神的意义。
2. 掌握冒险精神的原则和方法。

【实训流程】

流程一 富有冒险精神的比尔·盖茨

比尔·盖茨靠什么法宝建立了他的微软帝国?为何他能在竞争激烈的现代经济中独占鳌头而经久不衰?在比尔·盖茨看来,成功的首要因素就是冒险。在任何事业中,如果把所有的冒险都消除掉的话,自然也就把所有成功的机会都消除掉了。在他的一生当中,最持续一贯的特性就是强烈的冒险天性。他甚至认为,如果一个机会没有伴随着风险,那么这种机会通常不值得花心力去尝试。他坚定不移地认为,有冒险才有机会,正是有风险才使得事业更加充满跌宕起伏的趣味。他是一个具有极高天分、争强好胜、喜欢冒险、拥有自信心的人，他在本行业内的控制力是惊人的，以至某杂志曾经发表一篇评论说：微软公司正在"屠杀"对手，看来似乎会几近垄断软件工业。

事实上，对冒险精神的培养，比尔·盖茨从学生时代就开始了。他在哈佛的第一个学年故意制定了一个策略：多数的课程都逃课，然后在临近期末考试的时候再拼命地学习。他想通过这种冒险，检验自己是否能花尽可能少的时间，而又能得到最高的分数。他做得很成功，通过这次冒险，他发现了一个企业家应当具备的素质：如何用最少的时间和成本，得到最快、最高的回报。他总是在培养自己好斗的性格，因而被人骂作"红眼"。久而久之，他成为令所有对手都胆怯的人物，因为他不会服输、不会退缩、不会忍让，更不会妥协，直到取得胜利。

1. 在创业过程中，时刻都充满危险和不确定性，你如何理解冒险精神？

2. 作为一名在校学生，学生时代的比尔·盖茨对你有何影响和启示？

流程二　热爱冒险的徐霞客

徐霞客有一次来到温州攀登雁荡山。他想起古书上说的雁荡山山顶有一个大湖，就决定爬到山顶上去看看。当他艰难地爬到山顶时，只见山脊笔直，简直无处下脚，怎么能有湖呢？可是，徐霞客仍不肯罢休，继续前行到一个大悬崖前，路没有了。他仔细观察悬崖，发现下面有个小小的平台，就用一条长长的布带子系在悬崖顶上的一块岩石上，然后抓住布带子悬空而下，到了小平台上才发现下面斗深百丈，无法下去。他只好抓住布带子，脚蹬悬崖，吃力地往上爬，准备爬回崖顶。爬着爬着，布带子断了，幸好他机敏地抓住了一块凸出的岩石，不然就会掉下深渊，粉身碎骨。徐霞客把断了的布带子接起来，又费力地向上攀缘，终于爬上了崖顶。

还有一次，他去黄山考察，途中遇到大雪。当地人告诉他有些地方积雪齐腰深，看不到登山的路，无法上去。徐霞客没有被吓住，他拄了一根铁杖探路，上到半山腰，山势越来越陡。山坡背阴的地方最难攀登，路面结成坚冰，又陡又滑，脚踩上去，易滑下来。徐霞客就用铁杖在冰上凿坑，脚踩着坑，一步一步地缓慢攀登，终于爬了上去。山上的僧人看到他十分惊奇，因为他们被大雪困在山上已经好几个月了。

他还走过福建武夷山的三条险径：大王峰的百丈危梯，白云岩的千仞绝壁和接笋峰的"鸡胸""龙脊"。在他登上大王峰时,已是日头将落,下山寻路不得,他就用手抓住崖壁上的荆棘,"乱坠而下"。他在中岳嵩山,从太室绝顶上也是顺着山峡下来的。徐霞客惊人的游迹,的确可以说明他是一位千古奇人。

1. 想要发现别人没有发现的,就要敢于去冒险,你是否有过冒险的经历?

_____

2. 你觉得应该如何拥有冒险的精神和意识?

_____

实训二 培养诚信精神

【实训目标】

1. 明确诚信的内涵和重要性。
2. 掌握创业中诚信品质的要义和原则。

【实训流程】

流程一 长期稳定的订单

一位顾客走进一家汽车维修店,自称是某运输公司的汽车司机。"在我的账单上多写点零件,我回公司报销后,有你一份好处。"他对店主说。但店主拒绝了这样的要求。顾客纠缠说:"我的生意不算小,会常来的,你肯定能赚很多钱!"店主告诉他,这事无论如何他也不会做。顾客气急败坏地嚷道:"谁都会这么干的,我看你是太傻了!"店主火了,他要那个顾客马上离开,到别处谈这种生意去。这时,顾客露出微笑并满怀敬佩地握住店主的手:"我就是那家运输公司的老板,我一直在寻找一个固定的、信得过的维修店,你还让我到哪里去谈这笔生意呢?"面对诱惑,不为其所惑,虽平淡如行云,质朴如流水,却让人领略到一种高山景行的人格魅力。

1. 生活中,"吃回扣"的现象时有发生。你如何看待这种行为?

_____

2. 汽车维修店店主坚持诚信经营,赢得运输公司老板的信任,虽然损失了眼前利益,但获得了长期订单。对此,你有何启示?

_____

流程二 谢海燕的诚信创业之路

谢海燕是袁桥镇何庄社区的妇女主任,也是南通海杰金属制品厂厂长。在她的创业理念里，带民致富义不容辞。

2004年初，市委、市政府提出了一个要党员干部带头致富、带民致富、积极创业的号召。为了选好行业，谢海燕进行了全方位、立体式的考察。通过走访，她了解到如皋境内有近百家热水器厂，但还没有一家专业生产热水器专用椭圆形管支架的企业。在如皋开办一家热水器专用椭圆形管支架制造厂有着广阔的市场前景。随后，谢海燕到浙江的热水器配件加工集聚区进行了多次实地走访，初步掌握了开办热水器专用椭圆形管支架制造厂所需的设备器材以及生产流程、管理模式等。最终，在家人的支持下，她做出了在如皋建立第一家热水器专用椭圆形管支架制造厂的决定。

创业之路并非一帆风顺。在2007年初，谢海燕想将企业做大做强，但苦于缺少资金。万般无奈之下，谢海燕向组织上反映了她的困难，党员的"贴心娘家"市委组织部帮她联系了如皋农村信用联社。在对工厂的经营管理状况进行综合考评后，信用联社认为，海杰金属制品厂企业信誉高、产品质量好、市场反响佳，同意发放创业贷款。关键时刻的雪中送炭，让谢海燕的海杰金属制品厂重新焕发了活力，当年即实现盈利30万元。重新站起来的海杰金属制品厂越做越强。

2009年，尽管面临金融危机，但以诚信取胜的海杰金属制品厂还是实现盈利20多万元，并加大投资力度，加盖了100多平方米的厂房，购买了2台压机，定制了5万多元的模具，企业总投资达100多万元。

时刻牢记一名党员干部的"责任"，以诚取信，绝不忘本，尽自己最大的力量回报社会。走出困境后的谢海燕很快履行了自己的承诺，通过各种途径反哺社会。当看到由于金融危机，部分返乡农民在就业上存在压力时，她及时对家庭条件相对贫困的群众提供了就业岗位，帮助他们就地就业，提高收入；考虑到部分员工在农忙时期需要"内外兼顾"，就立马安排了员工轮休表，确保员工农忙、农闲都有工作，农业生产和工厂工作两不误；在了解到村子里有一名村民患上了尿毒症，因难以支付昂贵的治疗费用而打算放弃治疗时，谢海燕多次送去现金，帮助这一家人建立起战胜病魔的信心，让他们也感受到了组织上的温暖。

1. 创业的过程都是一波三折的，谢海燕从获得信用联社贷款到金融危机保持盈利，都是因为以诚信取胜。请你谈谈在创业中，诚信的作用和意义。

2. 谢海燕的创业故事体现出来的个人品质，对你有何启示？

流程三　在冠军与诚实中选择

在华盛顿举办的美国第四届全国拼字大赛中，南卡罗来纳州冠军——11岁的Loshaly，一路过关斩将，进入了决赛，当她被问到如何拼"招认"（avowal）这个词时，她轻柔的南方口音使得评委难以判断她说的第一个字母到底是A还是E。评委商量了几分钟之后，仍然无法确定她的发音是A还是E。

解铃还须系铃人，最后主评委约翰·洛伊德决定将问题交给唯一知道答案的人。他和蔼地问Loshaly："你的发音是A还是E？"其实，Loshaly根据他人的低声议论，已经知道这个词的正确拼法应该是A，但是她毫不迟疑地回答，她的发音错了。她要做个诚实的孩子。最后，Loshaly虽没赢得比赛的冠军，但她的诚实感染了所有观众，赢得了所有观众的心。

1. 如果选择回答A，就能赢得冠军。如果是你，你会怎么选择？

2. 在你的一生中，发生过不诚信的事情吗？你是如何努力坚持诚信的原则的？

实训三　强化艰苦奋斗精神

【实训目标】

1. 明确坚持艰苦奋斗精神的重要性。
2. 了解和收集历史上坚持艰苦奋斗的实例。
3. 懂得要实现个人理想，必须发扬艰苦奋斗的精神。
4. 在学习和生活中，继承和发扬艰苦奋斗的精神。

【实训流程】

流程一　谈谈你如何理解"成功=艰苦劳动+正确方法+少说空话"
你的理解：

流程二　收集艰苦奋斗的寓言、故事、格言，分享收获
列举我国古代劳动人民艰苦奋斗的寓言或故事。

列举我国近代历史上体现艰苦奋斗的故事。

完成上述内容后,你的收获是:
_____

流程三　你准备如何坚持艰苦奋斗

发扬艰苦奋斗精神要从日常生活做起。你打算在学习、生活和今后的工作中怎样做呢？

在学习中要做到：_____

在生活中要做到：_____

在工作中要做到：_____

流程四　你自信吗

根据要求,认真如实选择以下问题的答案,完成自信心测试,了解自己的自信心状况。

1. 半夜醒来,你常因为惴惴不安而难以再次入睡吗？　　　　　　（　　）
   A. 常常如此　　　　B. 有时如此　　　　C. 极少如此

2. 如果事情进展不顺利,你会急得涕泪交流吗？　　　　　　　（　　）
   A. 常常如此　　　　B. 有时如此　　　　C. 极少如此

3. 处理一些必须凭借智慧才能完成的事务,你会有怎样的表现？（　　）
   A. 比一般人差　　　B. 普通　　　　　　C. 超人一等

4. 当领导召见你时,你会　　　　　　　　　　　　　　　　　（　　）
   A. 觉得可以趁机提出建议
   B. 介于A与C之间
   C. 怀疑自己做错了事

5. 面对一般的困难,你都能保持乐观吗？　　　　　　　　　　（　　）
   A. 能　　　　　　　B. 不一定　　　　　C. 不能

6. 在你看来,搬家是件十分不愉快的事吗？　　　　　　　　　（　　）
   A. 是　　　　　　　B. 介于A与C之间　　C. 不是

7. 不论是在极高的山顶还是在极深的隧道中,你都不会胆怯吗？（　　）
   A. 是　　　　　　　B. 介于A与C之间　　C. 不是

8. 只要自己问心无愧,不管别人怎么说,你都能泰然处之吗？　（　　）
   A. 能　　　　　　　B. 不一定　　　　　C. 不能

9. 你会无缘无故地产生一种大祸临头的恐惧感吗？　　　　　　（　　）
   A. 会　　　　　　　B. 有时如此　　　　C. 不会

10. 在你小的时候,你怕黑吗? （　　）
   A. 怕　　　　　　　B. 有时如此　　　　　C. 不怕
11. 你仅仅被认为是因勤奋而有些许成就的人而已吗? （　　）
   A. 是　　　　　　　B. 介于A与C之间　　　C. 不是
12. 即使在逆境中,你仍然能保持精神振奋吗? （　　）
   A. 能　　　　　　　B. 介于A与C之间　　　C. 不能
13. 你有时会无缘无故地感到沮丧痛苦吗? （　　）
   A. 会　　　　　　　B. 介于A与C之间　　　C. 不会

评分标准

选项	1	2	3	4	5	6	7	8	9	10	11	12	13
A	2	0	2	0	0	2	0	0	2	2	2	0	2
B	1	1	1	1	1	1	1	1	1	1	1	1	1
C	0	2	0	2	0	0	2	2	0	0	0	2	0
得分													

男性:少于5分,表示你拥有很强的自信心;6~8分,表示你有一定的自信心;9~12分,表示你自信心一般;13~16分,表示你缺乏自信心;大于16分,表示你的自信心极差,经常患得患失,烦恼多。

女性:少于6分,表示你有很强的自信心;7~9分,表示你有一定的自信心;10~13分,表示你自信心一般;14~17分,表示你缺乏自信心;大于17分,表示你的自信心极差,患得患失。

实训四　培养献身精神

【实训目标】

1. 了解献身精神的内涵和作用。
2. 掌握培养献身精神的方法。
3. 学会在学习和生活中培养献身精神。

【实训流程】

流程一　分析《跨越百年的美丽》

阅读案例,回答问题。

居里夫人是法国物理学家、化学家,这位饱尝科学甘苦的放射性科学的奠基人，因为多年献身于科学研究而积劳成疾，患白血病于1934年逝世。她为人类的科学事业，献出了光辉的一生。居里夫人的大半生都是清贫的，提取镭的过程是在简陋的条件下完成的，居里夫人拒绝为他们的任何发现申请专利，为的是让每一个人都能够自由地利用他们的发现。他们把诺贝尔奖奖金和其他奖金都用到了研究中去，他们研究工作的杰出应用之一就是利用放射性治疗癌症。

1. 以上故事体现了居里夫人的什么精神？
   _____
2. 居里夫人的事迹对你有什么启发？
   _____
3. 你认为要怎样培养献身精神呢？
   _____

流程二　找一找身边具有献身精神的典范表现

你发现在学习、生活和工作中有哪些行为表现出了献身精神呢？

学习中：_____

生活中：_____

工作中：_____

实训五　培养质疑精神

【实训目标】

1. 了解质疑精神的内涵和作用。
2. 敢于提出不同的想法。
3. 学会在学习和生活中培养质疑的意识。

【实训流程】

流程一　伽利略在比萨斜塔上做的"两个铁球同时落地"的实验

伽利略的"铁球实验"推翻了亚里士多德多年来的"轻的东西比重的东西落地慢"的论断。亚里士多德认为重的物体会先到达地面，而伽利略就此大胆质疑。

据考证，出生在比萨城的意大利物理学家伽利略，曾于1590年在比萨斜塔上做自由落体实验，将两个重量不同的球体从相同的高度同时扔下，结果两个铁球同时落地，由此发现了自由落体定律，推翻了此前亚里士多德认为的重的物体会先到达地面，落体的速度同它的质量成正比的观点。

伽利略在比萨斜塔做自由落体实验的故事，记载在他的学生维维安尼（Vincenzo Viviani，1622—1703）于1654年写的《伽利略生平的历史故事》（1717年出版）一书中，但伽利略、比萨大学和同时代的其他人都没有关于这次实验的记载。对于伽利略是否在比萨斜塔做过自由落体实验，历史上一直存在着肯定和质疑两种不同的看法。

1. 伽利略的故事大家早有耳闻，中学物理课已经学过轻重两球谁先着地的原理。你是如何理解的？

———————————————————————————————

2. 自由落体实验对你有什么启发？

———————————————————————————————

流程二 布鲁诺的唯物主义和无神论思想

这位为真理而呐喊的自然科学家，不顾教会的禁令，大胆揭露宗教的愚昧。他把当时先进的自然科学和哲学有机地结合起来，建立起自己的唯物主义自然哲学宇宙观。他坚持补充并发展了哥白尼学说。哥白尼把地球从宇宙中心天体降为太阳系的一颗行星，从而动摇了天主教神学统治的基础。布鲁诺则把太阳从宇宙中心天体降为一颗普通的恒星，使人们对宇宙的科学认识又前进了一步。这是对教会宣扬的"地球中心说"以及由此产生的"人类中心主义"更加彻底的否定。布鲁诺的主张使上百处宗教裁判所宣布他为异端，罗马教廷更是千方百计要置他于死地。为此，他们采用卑鄙的手段把他诱骗回国，将他关押在威尼斯和罗马的地牢中达8年之久，企图迫使他低头认罪，放弃自己的观点，向教会忏悔，谴责自己，屈膝投降。然而，在这8年的监狱生活中，布鲁诺虽受尽了酷刑，却丝毫没有动摇自己的信念，不放弃自己的学说，不承认自己的"错误"。1600年2月17日，布鲁诺在罗马的鲜花广场上被处以火刑。布鲁诺四处热情宣扬唯物主义和无神论思想，把哥白尼学说传遍整个欧洲。他成为反教会、反经院哲学最坚决、最勇敢的战士。

1. 布鲁诺不顾欧洲宗教的反对，坚持唯物主义和无神论思想，最后惨遭囚禁8年，且被处以火刑，你如何看待此事？

———————————————————————————————

2. 布鲁诺是最坚决、最勇敢的战士，对你有什么启发？

———————————————————————————————

流程三　惠更斯与牛顿的故事

17世纪下半叶，世界的科学权威是牛顿。牛顿认为光是一种微粒流，并用它解释光的直线传播、镜面反射、界面折射等现象。惠更斯却持不同看法，他认为"微粒说"不能解释更复杂的光学现象，主张光是以太波，而且讲得头头是道。由于牛顿的声望高，多数人支持"微粒说"，惠更斯成了孤立的少数派。但他并不随大溜，不迷信权威，坚持独立见解。随着研究的深入，到19世纪初，"波动说"战胜了"微粒说"。

1. 惠更斯相比牛顿，其科学权威非常弱，虽然观点先进却得不到支持，你怎么看？

_____

2. 最终，"波动说"战胜了"微粒说"，对你有什么启发？

_____

流程四　须外卡尔特与黎曼的质疑

德国数学家须外卡尔特在研究中，质疑欧几里得的《几何原本》中的一条定理：三角形内角和等于180度。两千多年里，人们一直以为这是天经地义、放之四海而皆准的定理，科学家对这一定理的真理性更是深信不疑。但是，须外卡尔特的这一质疑推动了数学的一次变革。德国数学家黎曼从须外卡尔特的思路中得到启发，使"非欧几何"破土而出。黎曼指出，欧几里得几何并不是在所有空间都适用，例如，在球面上，三角形的内角和就大于180度。

1. 须外卡尔特对"《几何原本》定理——三角形内角和等于180度"的质疑推动了数学的一次变革，对你有何启发？

_____

2. 德国数学家黎曼整理出了"非欧几何"，你认为如何才能突破既定理论实现新的成果呢？

_____

流程五　钟南山院士与冠状病毒诊断

"非典"刚出现时，中国许多医学权威人士都认为是衣原体病毒，但钟南山院士另有发现，他大胆质疑，屡次坚持自己的观点，认为是冠状病毒，为当时快速确诊、救治病人立下了大功劳。

2003年的"非典"，从发现到控制，大胆质疑发挥了什么作用？

_____

模块七　增强创业意识

创业是一项复杂的、系统的、具有高风险的活动，因此必须增强创业者的基本能力和素质。创业素质包括创业意识、心理素质、身体素质、知识储备和条件资源。创业动机、创业兴趣是创业意识的前提条件；理想主义情怀是创业的不竭动力；创业是一项体力活，必须具备良好的身体素质和健康的心理素质；实现创业成功还必须具备一定的知识储备和条件资源。

实训一　增强创业意识

【实训目标】

1. 了解创业意识的内容。
2. 培养创业探索意识。
3. 掌握正确的创业动机、创业兴趣和理想。

【实训流程】

流程一　分析《在权威圣圈面前》

阅读以下案例，回答问题。

1900年，著名教授普朗克和自己的儿子在花园里散步，他神情沮丧，很遗憾地对儿子说："孩子，十分遗憾，今天有个发现，它和牛顿的发现同样重要。"他提出了量子力学假设及普朗克公式。他沮丧的是这一发现破坏了他一直崇拜并且虔诚地信奉为权威的牛顿的完美理论。他最终宣布取消自己的假设。人类本应因权威而受益，却不料因权威而受害。由此，物理学理论停滞了几十年。

25岁的爱因斯坦敢于冲破权威圣圈，大胆突进，他赞赏普朗克假设，并向纵深引申，提出了光量子理论，奠定了量子力学的基础。随后，他又质疑了牛顿的绝对空间和时间的理论，创立了震惊世界的相对论，一举成名，成了一个更伟大的新权威。

1. 你是怎么评价普朗克和爱因斯坦的？
_____
2. 看完这个故事后，你怎么理解勇于探索的精神？
_____

流程二 收集创业中关于理想情怀的故事，并写出心得体会，制作成汇报课件

1. 在网络、图书中查找创业中关于理想情怀的故事，至少3个。
（1）_____
（2）_____
（3）_____

2. 看完这些创业中关于理想情怀的故事后，你有什么心得体会？
_____

3. 将故事和心得体会制作成课件，在课堂上汇报。汇报完毕后，听取老师和同学们的建议并进行修改与完善。

流程三 失败过、被骗过、绝望过，我为什么还在继续创业

2019年，对很多创业者来说，是颇为艰难的一年，它被称为是"创业黄金时代终结的一年"。曾经火热的"赛道"，诸如社区团购、生鲜电商、在线教育、电子烟等，都不同程度地进入了"寒冬"，身处其中的不少创业者从风口中跌落。对还在创业路上的人们来说，"坚持"依然是他们2020年的主要命题。

一位"80后"创业的故事：毕业就创业，在踩坑中前进

第一次创业是在美国。2010年，我在美国读财务管理硕士，一边上学一边打工。华人的中餐厅一般是夫妻店，丈夫掌厨，妻子做收银员。他们的收银柜，每次结账都要开一次，如果找错零钱，就要找钥匙来开，而钥匙很容易丢，对店主来说是一个困扰。因此，我就做了一个指纹锁的系统，这个小系统后来卖给了不少中餐馆，这给我带来了一百多万美元的收入。

后来，我想做艺人网站，主要是做撮合业务。艺人入驻平台，企业可以在上面找到合适的艺人去担任现场模特、拍广告等。早期想法是先聚集人，有流量后就有广告，有广告就能赚钱，然后可以通过提供额外的增值服务赚钱，这个增值服务类似艺人要拍摄形象照之类的，就可以帮他们拍。遇到的第一个坑就是没拉来人，因此就要自己去找人，让网红入驻平台。自己也像一个经纪人一样，带着网红去参加活动。忙活了三个月，钱花出去七八十万元，很累，但没赚到钱。

再一次创业，我选择了新能源领域，开了一家电动车充电桩公司。前期我做了市场调研，看了大量的行业报告和资料，这是几次创业中第一次认认真真做研究，这门生意模式比较简单，就是很简单的低买高卖。生产设备成本低、可控，然后抬高价格卖给需要的人。这是商业最本质、最原始的模式。作为一个外行人，起步确实经历了一些艰难，比如，第一次去看现场的时候，工程师生病没去，我连串联电路和并联电路都看不懂，然后线排错了，全部拆了重做。

这次创业整个过程有无数的问题，大的障碍都一步步克服掉了，但还是感觉内心很挣扎。连续创业到现在，最需要的是不怕死、输得起、脸皮厚的精神。创业是一种状态，可能会有好的或者不好的结果，最主要的是过程要觉得快乐，热爱自己做的事情，我觉得信念比什么都重要。

1. 看完坎坷波折的创业故事后，你有什么心得？

_____

2. 创业动机（或称"创业信念"）对创业成败有什么影响？

_____

流程四　一个理想主义者的创业故事

罗永浩曾为北京新东方学校英语教师，因"老罗语录"而走红于互联网，最知名的莫过于那句"彪悍的人生不需要解释"。而他关于一个理想主义者的创业故事的演讲更是被大家所熟知。

作为一名"不务正业"的英语培训教师，罗永浩先后开过动画工作室，创办过牛博网，并于2008年正式走上创业之路，成立了罗永浩英语培训学校。

罗永浩把自己的创业经历定义成"一个理想主义者的创业故事""一个坚持理想的人应该抱有不可动摇的乐观态度和人生勇气"。他始终认为，只要能力足够，就可以兼顾理想的准则与生存的现实，当然前提是"像坏人一样努力"。如今，罗永浩英语培训学校的招生年增长率达到了120%~130%，老学员推荐率达到35%，创业规模连续多年翻番。

由于被外界定位为培训界的"娱乐明星"，罗永浩的学校还未开张就广受关注，被不怀好意的人戏称为"上老罗英语是学英语和听相声两不误"。然而，那些真正上过罗永浩英语的学生发现，这是一家办学严谨的学校，罗永浩也一直以一种"书生意气"的方式践行着看似最朴素的原则。

爱吹牛的罗永浩认为：自己只是有一点勇敢。然而，在整个行业发展都不规范的时候，这点小小的勇敢变成了"非常勇敢"。正如罗永浩所说，能够真正在商业机构里坚持理想主义,比做一名教师、一个"愤青"、一位艺术家要难一万倍。

《生命不息,折腾不止》是罗永浩2009—2014年"人生奋斗"经历的全收录,完整展现了一个理想主义者所经历的世界。生而为一个绝不嘴上吃亏的人,创业路上受过委屈白眼,却从不忍气吞声,在不断折腾中散发出浓浓的正义与情怀。"我不是为了输赢,我就是认真。"

1. 罗永浩的创业故事对你有什么启示?

2. 你认为在当今社会,理想主义情怀对创业有什么价值?

实训二　锻炼心理素质

【实训目标】

1. 了解创业所需的心理素质内容。
2. 掌握锻炼健康的心理素质方法。
3. 学会独立、合作、果断、克制、坚忍的心理品质。

【实训流程】

流程一　团队合作的重要性

故事一

狮子和老虎之间爆发了一场激烈的冲突,到了最后,两败俱伤。

狮子快要断气的时候,对老虎说:"如果不是你非要抢我的地盘,我们也不会弄成现在这样。"

老虎吃惊地说:"我从未想过要抢你的地盘,我一直以为是你要侵略我!"

故事二

在南美洲的草原上,天气酷热,山坡上的草丛突然起火,无数蚂蚁被熊熊大火逼得节节后退,火的包围圈越来越小,感觉蚂蚁就要被全部烧死了。然而,意想不到的事情发生了,蚂蚁紧紧聚成一团,滚成一个大蚁球,迅速冲出包围圈,尽管一些蚂蚁被烧死了,但是这让更多的蚂蚁绝处逢生。

故事三

两只鸟在一起生活,雄鸟采集了很多果仁让雌鸟保存,由于天气干燥,果仁脱水变小，鸟巢里的果仁看上去只剩下原来的一半。雄鸟以为是雌鸟偷吃了，就把它啄死了。过了几天，下了几场雨后，空气湿润了，果仁又涨成满满的一鸟巢。这时，雄鸟十分后悔地说："是我错怪了雌鸟！"

1. 三个故事分别体现了团队合作中应该注意什么？

___

2. 你如何理解合作对创业团队的价值？

___

流程二 忍耐力与克制力是创业持续的保证

一个商人需要一个小伙计，他在商店里的窗户上贴了一张独特的广告："招聘：一位能自我克制的男士。每星期40美元，合适者可以拿60美元。"

"自我克制"这个术语在村里引发了议论，引起了小伙子的思考，也引起了父母的思考。自然也引来了众多求职者。

每个求职者都要经过一个特别的考试。

商人问："能阅读吗，孩子？"

小伙子回答："能，先生。"

"你能读一读这一段吗？"他把一张报纸放在小伙子的面前。

"可以，先生。"

"你能一刻也不停顿地朗读吗？"

"可以，先生。"

"很好，跟我来。"商人把小伙子带到他的私人办公室，然后把门关上。他把这张报纸送到小伙子手上，上面印着小伙子答应不停顿地读完的那一段文字。阅读刚一开始，商人就放出6只可爱的小狗，小狗跑到小伙子的脚边。这太过分了。小伙子经受不住诱惑要看看可爱的小狗。由于视线离开了阅读材料，小伙子忘记了自己的任务，读错了。当然，小伙子失去了这次机会。

就这样，商人打发了70个小伙子。终于，有个小伙子不受诱惑一口气读完了。商人很高兴。他们之间有这样一段对话。

商人问："你在读报的时候没有注意到你脚边的小狗吗？"

小伙子回答道："对，先生。"

"我想你应该知道它们的存在，对吗？"

"对，先生。"

"那么，为什么你不看一看它们？"

"因为你告诉过我要不停地读完这一段。"

"你总是遵守你的诺言吗?"

"的确是,我总是努力地去做,先生。"

商人在办公室里走着,突然高兴地说道:"你就是我要的人。明早7点钟来,你每周的工资是60美元。我相信你大有前途。"后来,小伙子的发展的确如商人所说。

1. 在创业过程中,你总会遇到很多机遇和诱惑,这则故事对你有什么启示?
_____

2. 你认为应该如何培养长久的忍耐力与克制力呢?
_____

实训三　强化身体素质

【实训目标】

1. 了解身体素质是创业的基本保证。
2. 掌握精力分配方法和劳逸结合的方式。

【实训流程】

流程一　创业者良好的身体素质不仅是身体健康,还包括　　(　　)

A. 体格强壮有力　　　　　　　B. 经常运动锻炼

C. 精力旺盛　　　　　　　　　D. 思维敏捷

【答案:ABCD】

流程二　身体素质测试题目

完成下面8道身体素质测试题,大致了解你的身体素质和生活习惯。

1. 下列哪项措施更有利于心脏健康?　　　　　　　　　　(　　)

　　A. 多吃有营养的食物　　　　B. 经常锻炼,尤其是户外活动

　　C. 保持室内空气流通

2. 被称为人体"化工厂"的是下列哪一个内脏器官?　　　(　　)

　　A. 肾　　　　　　　B. 肝脏　　　　　　　C. 肺

3. 人体摄入的蛋白质主要来源于下列哪类食物?　　　　　(　　)

　　A. 谷类　　　　　　B. 肉类、蛋奶　　　　C. 蔬菜

4. 经常喝牛奶主要是可以补充哪种元素?　　　　　　　　(　　)

　　A. 铁　　　　　　　B. 钙　　　　　　　　C. 锌

5. 每天摄入食盐过多,容易导致什么疾病? （　　）
   A. 糖尿病　　　　　　B. 高血压　　　　　　C. 胃炎
6. 人体的正常体温为多少? （　　）
   A. 36℃　　　　　B. 36~37.2℃　　　　　C. 36.5~37℃
7. 科学的一日三餐是什么? （　　）
   A. 早吃饱、午吃好、晚吃少　　　B. 早吃好、午吃饱、晚吃少
   C. 早吃好、午吃饱、晚吃饱
8. 健康教育的核心是什么? （　　）
   A. 提高人民知识水平　　　　　B. 改变人们的行为与生活方式
   C. 提高生活质量

【答案：BBBBBBBB】

实训四　加强知识储备

【实训目标】

1. 了解创业知识结构组成。
2. 区分创业所需的基础通用知识和专业知识。

【实训流程】

流程　知识付费创业案例——"得到"App

创业知识不仅包括开业知识、营销知识、财物知识、法律知识、经营管理知识等通用的知识储备，还包括专业技术知识，比如，建筑工程、金融财会、物理制造、化学材料、航空航天、传媒摄影、基础数学、计算机云数据等。

在知识付费时代，很多创业公司利用知识输入进行付费服务，加入了知识付费创业潮流。

"得到"App是罗辑思维团队推出的主打知识服务的App，包含独家订阅专栏、有料音频、干货电子书等多项内容。与行业内的内容生产者广泛合作，为用户提供独家、持续更新的优质内容。提倡碎片式学习方式，让用户短时间内获得有效的知识。

知识大咖罗振宇、李笑来、薛兆丰、宁向东、万维钢（同人于野）、武志红等集体入驻，量身打造大咖专栏。更有"每天听本书"、"李翔知识内参"、"罗辑思维"、"精品课"等板块，内容包括商业、方法技能、互联网、创业、

心理学、文化、职场等。晨起、睡前、马桶上，利用碎片时间，听懂一本好书、建立全球视野、提升自我认知。

1. 你了解"得到"App吗？是否使用过？

_____

2. 在知识付费的今天，你对大量涌现的自主创业知识品牌有什么看法？对你有何启示？

_____

模块八　提升创业能力

创新并不是任意创新，需要大学生掌握运用已知的信息，在新的情境中建立新的组合和系统。动手实践，是把构想变为现实必不可少的途径。一般来说，我们可以通过培养发现问题的能力、独立创新的能力、沟通应变的能力、组织管理的能力和持续学习的能力来提高创新能力。

实训一　提高发现问题的能力

【实训目标】

1. 了解发现问题能力的意义。
2. 学会提高发现问题能力的方法。

【实训流程】

流程一　分析葛晓峰的故事

阅读故事，回答问题。

葛晓峰是全国申请专利最多的个体发明家，他发明的载波录音机、录像机等多项产品获得了专利。他小的时候就对许多事物感到好奇：飞机为什么会飞？火车为什么会跑？轮船为什么不沉底？这些在许多人眼里司空见惯的事情却常常引起他的思考。有一天，他到妈妈所在学校的实验室去玩，看见实验桌上摆着一架分成七八个部件的天文望远镜，心中就产生了一种神奇的欲望。不一会儿，妈妈有事要出去，临走前叮嘱晓峰不要乱动实验室的物品。但是，他太好奇了，最终不顾妈妈的禁令，动手把天文望远镜装好了。4个小时后，妈妈回来了，看着那个组装好的天文望远镜，她惊呆了："好孩子！是你自己装的吗？这种仪器的拆装，高中生都未必能完成啊！"

就是在这种好奇心的驱使下，葛晓峰走上了创造发明的道路，取得了一个又一个的发明成果。

1. 以上故事说明了什么道理？你如何看待好奇心与发现问题的关系？

___

2. 除了好奇心驱使，在生活中还有什么会激发你去发现问题？

___

流程二　发现问题大演练

阅读材料，回答问题。

2016年寒假期间，清华大学对多栋教学楼进行了修缮和设备更新。在第三教学楼一段3层的7间教室中，一种造型奇怪的课桌"全面上线"。这是一款被戏称为"变形金刚"的课桌，它在侧面增加了一块可折叠的三角形木板，木板打开支好后，原本不起眼的方形课桌的形状就变得有些"诡异"了。

但是，只要6张这种课桌一拼起来，就会变成一张可供6~12人讨论用的圆桌。清华大学MOOC名师刘震在朋友圈中为这种课桌点赞，他认为这种课桌便于灵活多变的课堂布置，是值得点赞的细节改进。这款变形课桌由清华大学自主设计，其初衷就是满足日益增多的课堂讨论需求，如下图所示。

1. 以上案例对你有什么启发？

___

2. 本校教室课桌椅还存在哪些问题？谈谈如何改进。

___

实训二　开发独立创新的能力

【实训目标】
1. 掌握开发独立创新能力的方法。
2. 学会打破常规思维去解决问题。

【实训流程】

流程一　完成"整修花坛"作业

阅读案例，回答问题。

甲、乙两人在整修街道两旁的花坛。因为两旁花坛数目相等，所以两人商定各整修一边。一大早，甲先出工整修道路左边的花坛。当他整修完3个花坛时，乙也出工了。乙说，右边花坛难整修，还是让他整修左边的花坛吧。于是，甲又开始整修右边的花坛。在乙整修完道路左边的花坛后，又帮助甲整修道路右边的花坛。当乙又整修完道路右边的6个花坛时，正好全部整修完毕。

甲、乙两人谁整修的花坛数量多？多整修了多少？

参考答案

乙整修的花坛数量多，多6个。

流程二　吸水纸的发现

阅读故事，回答问题。

一名德国工人在生产一批纸时，因为不小心而弄错了配方，结果生产出了大量不能书写的废纸。他被扣工资，罚奖金，最后惨遭解雇。正当他心灰意懒时，一位朋友让他将问题倒着看，看能否从错误中找出有用的东西来。于是，他很快就发现了这批废弃的纸张具有相当好的吸水性。他就把纸切成小块儿，取名"刀切吸水纸"，拿到市场上去出售，结果该纸相当抢手，因而也就有了现在的吸水纸。因过错，他运用了反向思维，最后扭转了局面。

1. 以上案例对你有什么启发？

---

2. 打破常规思维的方法都有哪些呢？

流程三　"夫妻吵架的次数"

在俄国有一对夫妻，他们已经40岁了，很喜欢吵架。他们婚后每天都吵

架，从没有间断过，但是上个月他们只吵了26天，请问这是怎么回事？（时间限制5分钟）

_____

_____

参考答案

他们上个月刚结婚，且结完婚上个月只剩26天。

流程四

创新是企业发展的永恒动力、不竭源泉。众多知名企业都是以卓越的创新力而名扬世界的，如全球最大的电脑软件提供商微软公司、全球最大的半导体芯片制造商英特尔公司等。

微软公司由美国人比尔·盖茨和保罗·艾伦始创于1975年，正式组建于1981年6月，总部位于美国华盛顿州的雷德蒙德市。目前，微软在全球拥有5万多名员工，遍布60多个国家和地区。作为全球最大的软件公司，微软一直是新技术变革的领导者。微软公司的成功秘诀被概括为两条：人才与创新。而"人才"的含义中，没有创新能力的人才几乎是天方夜谭。公司从总裁比尔·盖茨到普通员工，每一位都是勇于创新的大家。

英特尔公司成立于1968年，具有50多年产品创新和市场领导的历史。

1965年，英特尔集团的创办人之一摩尔预言，电脑微处理器芯片的记忆容量，每18个月将增加一倍。这项广为人知的"摩尔定律"，很快成了企业上下信奉的目标。更惊人的是，英特尔从此制定了"定时出击"政策，即主动创新，不仅每18个月推出新产品，还每9个月增加新厂房、新设备。每次的创新总能为企业带来活动。1971年，英特尔推出了全球第一个微处理器。这不仅改变了公司的未来，而且对整个工业产生了深远影响。微处理器带来的计算机和互联网革命，改变了整个世界。

1. 创新对微软公司有什么意义？

_____

2. 你是如何理解"公司从总裁比尔·盖茨到普通员工，每一位都是勇于创新的大家"的？

_____

流程五　牛仔裤的诞生

在19世纪，有一个名叫李维·施特劳斯的人就是运用创新能力，成为世界上第一个发明牛仔裤的人。

李维·施特劳斯是一个小职员，从小就显得很聪明，顺利地读完中学、大学，当上文员。本来他可以过着那种不太富裕但很安稳的生活。然而，1850年时，美国西部发现了大片金矿，淘金的梦想使无数想一夜暴富的人如潮水一般涌向西部这片不毛之地。当时20多岁的李维，不甘心做一个小职员，尽管小职员的工作很安稳，但他渴望冒险，想凭借自己的劳动、运气去闯一次。

　　于是，他放弃了文员的工作，加入浩浩荡荡的淘金人流。当李维来到美国旧金山时，才发现这儿已经到处都是淘金的人，到处都支满帐篷。

　　他感到困惑：这么多的人在这儿能实现发财梦吗？难道自己抛弃安稳的工作，来到这里，就这样无望地等待？淘金者都挤在一个地方，加上离市中心很远，买东西十分不便。一次，李维看到那些淘金者跑很远的路去买一点日用品。于是，他从中获得启示，决定开一家日用品小店，从淘金人身上"淘金"。不出所料，李维开的这家小店生意很不错，来光顾的人络绎不绝。很快就将开店的成本赚回来了，还积累了不少的利润。有一天，他采购了许多日用百货和一大批搭帐篷、马车篷用的帆布。在船上，那些日用百货被旅客抢购一空，帆布却没人要。

　　出了码头后，他就开始推销帆布，由于淘金者都早已将帐篷搭好，谁也不会再费钱费力去搭第二个。李维本来以为帐篷也是淘金者的必需品，却没想到竟然无人问津，他因此感到非常沮丧。这时，一个淘金工人走过来，注视着他的那一堆帆布。他连忙高兴地迎上前去，热情地问道："您是不是想买些帆布搭帐篷？"那工人摇头道："我已经搭了一个帐篷，现在我需要的是像帐篷一样坚硬耐磨的裤子，你有吗？"那个工人还告诉他，淘金的工作很艰苦，衣裤经常要与石头、沙土摩擦，棉布做的裤子不耐穿，几天就磨破了。如果用厚帆布做裤子，既结实又耐磨，肯定会受到淘金者的欢迎。淘金工人的一番话，提醒了李维。他想，反正这些帆布卖不出去，就试着拿它做裤子吧。

　　他用带来的厚帆布做了牛仔裤，向淘金工人出售。就这样，牛仔裤诞生了。

　　坚固、耐久，穿着合适的牛仔裤，立即获得了西部牛仔和淘金者的喜爱。大量的订单纷至沓来。李维不再开日用品店，而是成立了牛仔裤公司。公司开张后，牛仔裤十分畅销，李维却对帆布做的裤子很不满意。因为帆布虽然结实耐磨，却又厚又硬，不但穿在身上不舒服，而且无法像柔软的布料那样，设计出各种美观合身的款式，只能做成又肥又大、样式单调的裤子。

　　他寻找新的面料，准备加以改进。不久，法国人涅曼发明的一种布料，引起了他的注意。这是一种蓝白相间的斜纹粗棉布，兼有结实和柔软的优点。李维当即决定从法国进口这种名为"尼姆靛蓝斜纹棉"的面料，专门用于制作工装裤。采用这种新式面料制作出来的裤子，既结实又柔软，样式美观，穿着舒适，广受消费者的欢迎。

当淘金者在蜂拥淘金时，李维不去跟风，却在淘金者身上动脑筋，为淘金者服务，在他们身上"淘金"，这就是创新的思路。由开日用品店到发明牛仔裤，从而掀起了全球"牛仔裤"热。

李维的成功，证明了在激烈的市场竞争中创新能力的重要性。创新能力意味着发展，没有创新将很难生存。

1. 牛仔裤的诞生，对你有何启示？

2. 你认为创新能力在市场竞争中有什么作用？

流程六　医疗听诊器的发明

两百多年前，法国医生雷奈克一直希望制造一种器具，用来检查病人的胸腔是否健康。有一天，他陪女儿到公园玩跷跷板时发现，用手在跷跷板的一端轻敲，在另一端贴耳倾听，能清楚地听见敲击声。他从中得到启发，回家用木料做成一个形状似喇叭的听筒，回到医院，他把大的一头贴在病人的胸部，小的一头塞在自己耳朵里，这样能清晰地听见病人的胸腔里发出的声音。这便是世上第一部听诊器。

这些具有创造力的人无疑是喜欢思考的，但他们并不都是天才。他们面对的启示，别人也能遇到，不同的是，他们更善于思考并能迸出灵感的火花。这是因为他们很敏感，善于留心观察身边的一切事情，并且想象力丰富、头脑灵活。

1. 医疗听诊器的发明，是如何体现独立创新能力的？

2. 这则故事对你的生活、学习有什么启示？

实训三　锻炼沟通应变的能力

【实训目标】

1. 了解自己的沟通应变能力。

2. 掌握锻炼沟通应变能力的方法。

3. 学会运用方法，锻炼沟通应变能力。

【实训流程】

流程一　如何站报纸

阅读要求，完成任务。

1. 想出一个办法把一张报纸铺在地上，两个人面对面地站在上面却碰不到对方。

2. 不允许把报纸撕开或剪开，也不允许把两个人捆绑起来或不许他们动。

你的思路是：_____

参考答案

把报纸放在门口，关上门，两个人分别站在门的两侧。

流程二　把"Ⅸ"变成"Ⅵ"

阅读要求，完成任务。

试着只增加一笔，把罗马数字"Ⅸ"变成"Ⅵ"。

你的思路是：_____

参考答案

（1）在它的中间加一条水平线，把它上下颠倒，然后遮住下面的部分，这样就得到了罗马数字"Ⅵ"。

（2）在"Ⅸ"的前面加一个"S"，创造出一个"SIX"。把"Ⅸ"从它所处的罗马数字语境中拿了出来，放进了用英文字母拼写的阿拉伯数字的语境中。

（3）在"Ⅸ"后面加"6"，这样你就得到Ⅸ6，即"1"乘以"6"。"X"在这里已不再表示数字"10"或英文字母"X"，而是代表乘号。

流程三　奇怪的"等式"

阅读要求，完成任务。

有两个"等式"："4-3=5""9+4=1"。在什么情况下，这两个"等式"是正确的？请找出答案。

你的思路是：_____

参考答案

（1）当你迫使自己脱离数学范畴，而调动想象力的时候，答案就很快出来了。第一个"等式"的答案是：从四角形上剪去一个三角形，就变成了一个五角形。

（2）第二个"等式"的解题思路和第一个完全一样，发挥想象力，会发现时间是12进制的。9点钟加上4点钟，不就是一点钟吗？

流程四　你会随机应变吗

生活中常常会有一些意想不到的事情发生，有时会让你感觉到不愉快，这可能会影响原定的计划，有时甚至会导致更严重的后果。对此，你能够沉着应对吗？请看下面的假设，据实回答。

1. 如果有人在你特别忙的时候来找你，你会　　　　　　　　　（　　）

　　A. 明显表现出你的厌恶之情

　　B. 像平常一样打招呼

　　C. 直接告诉对方你很忙

2. 你请客人来家里吃饭，你都准备好了，但是客人还没来，你会认为（　　）

　　A. 再等一会儿吧

　　B. 难道他发生了什么事情吗

　　C. 可能他不会来了吧

3. 周末本来和朋友约好见面的，你到了，朋友却临时打电话说有事来不了，你会想　　　　　　　　　　　　　　　　　　　　　　　　　（　　）

　　A. 还不如不约他，浪费时间

　　B. 另外找事情做吧

　　C. 太不走运了

4. 本来你的工作进程很顺利，却因为突发事情不得不延误，你会　（　　）

　　A. 干脆就此放弃

　　B. 再想其他的办法来解决

　　C. 很沮丧，觉得困难太多了

5. 当你必须跟一个自己不喜欢的人在一起工作时，你会想　　　（　　）

　　A. 他得依赖我

　　B. 尽量对他好一点吧

　　C. 他肯定在背后给我捣鬼

6. 当知道他人对你有敌意时，你会　　　　　　　　　　　　　（　　）

　　A. 不予理睬

　　B. 控制情绪，避免发生冲突

　　C. 正常对待他，希望他能改变

计分方法

1、3、4、5选B得1分，A、C不得分；

2选A得1分，其他不得分；

6选C得1分，其他不得分。

解析

得5~6分者，你很懂得处理各种困难，有应变能力。

得3~4分者，你的克制能力还不错，但仍有改进之处。

得1~2分者，你经常感到受挫。

许多人给能力划分归类，不同的归类方式有不同的类别。比如，记忆能力、观察能力、意志能力、鉴别能力、沟通能力、分析能力、组织能力、语言能力、创造能力、应变能力、自控能力、动手能力、想象能力、判断能力、模仿能力、号召能力、感染能力，还有一些说不清的灵感之类的能力等，这些能力之间有什么样的联系，却少有人能很明确地指出来。

实训四　提高组织管理的能力

【实训目标】

1. 了解策划制定方案的步骤、途径。

2. 学会分析和评价，制定切实可行的方案。

3. 掌握组织、协调、管理、领导能力。

【实训流程】

流程一　提出创新的目标

_____

流程二　分析该创新目标的实现存在哪些问题和困难

问题：_____

困难：_____

流程三　分析该创新项目的有利因素和不利因素

有利因素：_____

不利因素：_____

流程四　讨论解决问题的主要方法和途径

方法和途径1：_____

方法和途径2：_____
方法和途径3：_____

流程五 确定解决重点和方向

与小组同学讨论，使用头脑风暴法或决策平衡单进行讨论，确定解决重点和方向。

_____

流程六 组建该创新项目的团队，列出可能遇到的问题以及有效管理的方法

问题1：_____
方法：_____
问题2：_____
方法：_____
问题3：_____
方法：_____

实训五　增强持续学习的能力

【实训目标】

1. 明白持续学习能力对提高创业能力的重要性。
2. 掌握时间管理的有效方法。
3. 学会提高持续学习能力的技法。

【实训流程】

流程一 新事物的识别与判断

2018年初，"区块链"突然成为最火爆的术语。网络上到处都是"区块链""比特币""去中心化"这些我们都不知道是什么意思的词语。当很多人还一头雾水，在网上搜到底什么是区块链的时候，殊不知有一部分人，已经借着区块链的突然火爆趋势崛起了。据某媒体报道，光是2018年1月就冒出至少50个区块链自媒体，有个别公众号成立两周就拿下融资，估值千万元。

某招聘网站显示，区块链人才市场火爆程度惊人，平均月薪高达3.4万元，最高月薪超过10万元。

为什么当一件新事物出现的时候，很多人都还不知道这是什么，而有些人

却可以快速地自学并掌握？我们的学习能力不同，导致我们的成长速度不同。这种学习能力，让有些人实现了"弯道超车"。

1. 这种现象给你什么启示？
   _____

2. 如果是你，你对区块链的潮流动向能否把握？
   _____

3. 你认为在创业过程中，快速识别新事物有什么技巧？
   _____

流程二 行业更新与职业消失

唐山取消外环路上的收费站时，被遣散的收费员组团去公司讨说法。一位女士气愤地说："我今年36岁了，把整个青春都给了收费站，我已经过了学习的年纪，没有了找新工作的能力，我现在啥也不会，你说裁员就裁员，你让我怎么办？"

当我们对"除了收高速过路费，别的什么都不会"的女士保持同情时，也被另一批人震惊着。

阿里巴巴为了了解中老年群体对产品的体验情况、用户需求等，年薪40万元招聘60岁以上的老人。当然，这也是有要求的，比如，在广场舞中影响力大的老人优先等。而看了很多应聘者的条件后，许多年轻人都自叹不如。

应聘者中年纪最大的是清华大学毕业的李奶奶，已经83岁了。而李奶奶已经有6年的网购经历了，玩电脑、手机更是不在话下，对流行的比特币、区块链也很了解。

李奶奶说，人要经常学习才不至于被淘汰。

还有71岁的广场舞大妈，手下两百多位广场舞成员，热爱跳舞、热爱网购。

甚至有一位62岁的老人，用PPT做了一份简历，能够熟练使用PS，会玩H5，有自己的公众号，还经常组织开设老年人防骗课堂。这位老人有着13年的网购经历，真正是看着淘宝长大的。

应聘的老人有商人、教授、作家等，多才多艺，非常能干。

1. 如果你是唐山外环收费站领导，你会如何安慰被遣散的失业人员？
   _____

2. 阿里巴巴年薪40万元招聘60岁以上老人，你怎么看？
   _____

3. 清华大学毕业的83岁李奶奶、71岁的广场舞大妈、拥有13年网购经历的62岁老人,从他们身上你能得到什么启示?

流程三　商业奇才——陆奇

陆奇曾经是美国科技行业职位最高的华人,被誉为"硅谷华人的传奇"。后来,他加入百度,担任集团总裁和首席运营官。

在百度期间,陆奇亲自"操盘"了公司从搜索到人工智能的转型业务,让百度重新焕发了生机和活力。

他的离职,让百度一夜之间市值蒸发近900亿元,很多人为之惊讶。要知道,陆奇除了是一个典型的工作狂人,更是一个懂得不断学习的人。

虽然每天几乎都在高强度地工作,但是无论工作再忙,他每周都要坚持至少5个小时的学习,对前沿论文研究更是了如指掌。

除了以身作则,陆奇也会在各种场合告诉大家不要停止学习。在一次内部工程师会议中,他讲道:"你们要坚持每天都学习英语,让自己每天都活得不一样。每个杰出的工程师都要保持自己学习的能力。把自己想象成一个软件、一个代码,今天的版本一定要比昨天的版本好,明天的版本肯定会比今天的版本好。"

正如梁宁在《产品思维30讲》中提到的:"我们自己的人生也是迭代的产物。从一个最好的内核开始,一个一个动作地持续迭代和一次一次微小的选择,都会成就你的产品以及你的人生。"

今天你在一个什么样的点位上没那么重要,重要的是在未来的几年里,你会用什么样的方式持续迭代。

1. 你是如何理解"学历代表过去,只有学习力才能代表未来"这句话的?

---

2. 商业奇才陆奇的故事给你什么启示?

---

3. 你如何规划自己每天的学习、每月的计划、每年的学习主题呢?

第四章 自我评估与团队组建

模块九 从创业者角度进行自我评估

同学们对创业充满好奇和热情，对已经成功的创业者带有崇拜的情感，但往往对自身是否适合创业还缺乏了解。本章模块实训，可以帮助同学们对自己是否适合创业有一个初步的衡量。

实训一 大学生创业者生涯规划访谈

【实训目标】

1. 了解访谈流程，掌握访谈技巧，并学会访谈，提高沟通能力。
2. 明确创业与学业的关系。

【实训流程】

流程一 选择访谈对象

通过浏览校园网站，查阅校史馆资料，请教老师和师兄师姐，或者是通过家人、同学、朋友介绍，确定两名创业成功者作为访谈对象。同时，通过网络或熟悉他们的人全面了解他们的个人情况。

你的访谈对象是（姓名、情况简介）：

_____

流程二 拟订访谈提纲

围绕主题拟订访谈提纲，主要内容包括创业者应具备哪些素质，创业者是怎么开始创业的，创业者生涯规划的内容、步骤等。联系被访谈人告知访谈目的，确定访谈时间、地点、方式等。

你的访谈提纲：

_____

流程三　开展访谈

1. 成立至少3人组成的访谈小组，事先分工好并进行模拟采访，访谈时有一人主问，另一人负责记录，还有一人协助提问或协助记录。

2. 事先做好准备工作，准备好相关工具，如纸、笔、录音笔等。

3. 按时到达指定地点，围绕主题开展访谈，访谈过程中态度要谦虚，要注意礼貌，以及肢体语言。按时结束访谈，不要拖延时间，一般来说，创业者的时间安排都很紧凑，注意全程录音，这样既有利于整理内容，又有利于发现自身问题，改进访谈方法。

流程四　制作PPT并汇报访谈结果

反思访谈过程、整理访谈记录、提炼汇报提纲、撰写汇报的讲演稿，在课堂上汇报访谈结果。

1. 你汇报的主要内容包括哪几点？

_____

2. 你的心得体会是什么？

_____

小贴士

怎样提升访谈技巧

一、访谈目的

在进行访谈时，要目的明确，并且所有的问题都要围绕这个目的展开。访谈的主要内容包括了解被访者的意见、看法和经验等（包括但不限于生活经验和产品使用经验等，与访谈目的相关的经验均可）。

二、访谈提纲的形式和设计要点

（一）访谈提纲的形式一般有两种，即简明式和剧本式

简明式提纲一般只提供与访谈主题或关注内容相关的大纲，比较简短。具体如下表所示。

竞品资源获得渠道
1. 哪些渠道
2. 何时获取
3. 获取方式
4. 如何筛选
5. 效果如何

而剧本式提纲会提供比较详细的问题，甚至提供被访者可能的回答，会有详细的追问问题，如下表所示。

你主要通过哪些平台查找动效的相关资源
1. 这些平台上提供哪些资源或服务
2. 你会关注哪方面的内容（资源、服务）
3. 在这些平台上，你是通过什么方式查找你想要的内容的
4. 通过你刚才提到的方式，你是否可以快速找到你需要的资源？可以。不可以（你觉得很难快速找到资源的原因是什么？查找不到，你通常会怎么做？）
5. 你一般在设计的哪个阶段查找动效的相关资源（设计前、设计中、改稿时）
6. 除了刚才你提到的内容，还有其他的吗？提供哪些服务
7. 前面提到的平台中，你比较推荐哪几个
8. 你为什么推荐这几个平台？与其他平台相比，你觉得它们的优势在哪里？哪些地方需要提升

无论是哪种形式的提纲，在设计提纲问题时都要注意以下3点。
1. 问题要围绕访谈的主题开展。
2. 问题要通俗易懂，即需要让所有的被访者都能回答的问题。
3. 问题更多的是开放式的问题，尽量少使用是非型的问题。

（二）提纲问题设计时，应该遵循的原则
1. 问题难度分配：一般来说是"由浅入深""从简到难"。
2. 时间分配：尽量设计能在45分钟至60分钟内完成的问题。
3. 明确重点问题：确定本次访谈的核心问题。

三、被访者在访谈过程中常出现的问题，以及应对方式
（一）在"态度"上，较常出现3种类型的被访者
1. 滔滔不绝型。
特征：经常回答一些与访谈主题无关的问题。
应对方式：适时打断与主题无关的问题，并总结被访者的回答。
2. 冷漠型。
特征：回答简单，不愿意表达个人观点。
应对方式：第一，将问题转化为比较具体详细的问题；第二，有时可以将之前其他被访者表达的观点或预测的结果作为参考，询问该被访者的态度和意见。
3. 讨好型。
特征：附和访谈者。

应对方式：多问为什么，强调被访者只需要说明个人态度和个人行为。

(二) 被访者在回答上，常出现的5类问题

1. 答非所问：判断被访者是否听清或理解问题，可以重复被访者的回答和重复问题。
2. 偏离主题：打断并拉回被访者思路，但是要对被访者的回答进行肯定和总结。
3. 前后矛盾：重复被访者回答，再次确认。
4. 模棱两可、含混不清：追问。
5. 不够具体、过于笼统：追问。

实训二 从创业者的角度分析自己

【实训目标】

1. 学会客观分析评价自己，衡量自己是否适合创业，是否具有经营企业的素质和能力。
2. 分析自己是否具有创业所需的技能和物质条件。

【实训流程】

流程一 思考以下问题并判断你成功的可能性有多大，衡量自己是否真的适合创业

1. 你为什么要创业，是否有足够的能力承担风险？

_____

2. 你是否具备创业者应该有的能力和素质，是否能承受挫折？

_____

3. 你创业的核心资源是什么？

_____

4. 你是否有足够的耐心和耐力渡过创业期的消耗，估计需要通过多长时间走过创业瓶颈阶段，自己有多长时间准备。

_____

5. 你创业最大的风险是什么，最坏的结果是什么？你是否能够承受？

_____

6. 你是否愿意放下安稳的生活，重新投入一个全新且充满变数的环境？
_____

7. 遇到困难或问题时，你是否能不怕艰辛、一一应对，并能够做出正确决策？
_____

8. 你是否能不怕失败，甚至将每一次危机视为转机？
_____

9. 你是否愿意每天辛勤工作，甚至牺牲个人时间，一天工作长达10小时以上？
_____

10. 你是否喜欢接触新鲜事物，并且具备追根究底的精神？
_____

11. 你是否是个实践家，做事不拖拖拉拉、延误进度？
_____

12. 你是否意志坚定，同时能从善如流、广纳他人建议？
_____

13. 你是否愿意将企业获得的利润与合伙人、员工分享？
_____

14. 你是否愿意尽到自己的社会责任，尽可能地回馈社会？
_____

流程二 回答以上问题之后，总结自身特点，客观评价自己是否适合创业

小贴士

创业者面临的风险有哪些

1. 机会风险：创业者选择创业也就放弃了原先从事的职业，一个人只能做一件事，如果选择创业就没有其他的选择，这就是所谓的机会风险。
2. 技术风险：指在企业产品创新的过程中，由技术因素导致创新失败的可能性。
3. 市场风险：指市场主体从事经济活动所面临的盈利或亏损的可能性和不确定性。
4. 资金风险：指由资金链断裂而导致创业失败的可能性。
5. 管理风险：由管理者的素质风险、决策风险、组织风险所决定。
6. 环境风险：指一项创新的技术产品所处的社会环境、政策环境、法律环境变化或意外灾害发生而造成创新失败的可能性。

7. 意识风险：创业不是脑子热，突然想起来要去创业就去的，而是经过长时间的谋划、学习、考察等环节之后，才落到实处的自然而然的过程。否则没有规划，盲目行动，大多数情况下会失败。三分钟热度，一鼓作气，再而衰，三而竭，这些在意识方面要加强。

8. 感情风险：创业本身就是一件高风险的事，家里人反对也是正常的，他们会担心你考虑不周，没有经验，盲目冲动，把辛苦赚来的钱赔光。但是，如果你真的想清楚决定创业的话，就应该坚持自己的目标。

9. 盲目投资风险：指创业者缺乏市场调研，或者调查失实，仅凭一股热情，靠直觉投资上马产生的风险。任何投资都有一定的风险，要在充分了解自己、了解市场的基础上做出投资决策。

实训三　你是否具备企业家的素质

【实训目标】

1. 了解企业家应该具备的素质。
2. 评估自己是否具备企业家的素质。

【实训流程】

流程一　回答下列问题

你想创建自己的企业，成为一名企业家，不再为他人打工。请回答下列25道题目，如果你确实具备企业家素质的话，对每道题目都应该能够轻易地给出肯定的答案。

1. 失望时，你能够处理好问题，并回到积极的状态中吗？

_____

2. 你喜欢引人注目，推销自己和你的公司吗？

_____

3. 你比较擅长组织工作吗？

_____

4. 你知道如何控制自己的生活，做到自律吗？

_____

5. 你愿意承担风险吗？

_____

6. 你的想象力丰富吗？知道如何表达自己的想法吗？

_____

7. 你能够把不利的事情转化为机会吗？
_____

8. 你有足够的勇气、耐心吗？
_____

9. 当你开始创业时，你的家人能够理解你吗？
_____

10. 你知道如何为自己的信念而战吗？
_____

11. 你喜欢和人打交道吗？有社交恐惧症吗？
_____

12. 你有过管理经验吗？
_____

13. 你害怕日常工作吗？
_____

14. 你可靠吗？对自己有信心吗？
_____

15. 当你真正相信某人某事时，你能够不在乎别人的判断吗？
_____

16. 你具有影响他人的能力吗？
_____

17. 别人认为你是一个充满活力、积极向上的人吗？
_____

18. 你喜欢绝大多数时间都单独工作吗？
_____

19. 你喜欢在电话中和陌生人交谈吗？
_____

20. 每天早晨你都是怀着积极的态度醒来吗？
_____

21. 你的财务情况稳定吗？（在创业前，你应该有足够支撑你创业一年的储蓄）
_____

22. 你做完案头准备工作——研究与所要创建公司相关的一切资料了吗?

———————————————————————

23. 你知道如何自嘲吗?

———————————————————————

24. 你能轻易地控制自己的脾气吗?

———————————————————————

25. 你很容易就会感到厌倦吗?

———————————————————————

流程二 总结以上问题,如果这些问题对你来说都只是小事一桩,那么你就是一名天生的企业家

小贴士

成功的企业家需要具备的素质

首先,内心一定要足够强大。当企业家就必须能够承受旁人无法承受的压力和委屈,内心一定要做到足够强大,要有肚量去忍受那些自己无法改变的事情,有毅力去改变那些自己可以改变的事情。

其次,要有组织与协调能力。好的企业家能凝聚自己的团队并实现工作目标,既有掌控全局的能力,又有强有力的执行力。

再次,要有开放的思想和心态。当企业家就应该不断吸收各种优秀的文化,同行或其他的一切先进经验或失败教训都可以拿过来借鉴。好的企业家不仅要有不断创新的理念,还要有以人为本的理念,会懂得尊重团队里的每一位成员,会很重视他们的工作和生活上的诉求,会为他们成就自己的事业创造良好的外部环境。

最后,要有公关推销的能力。当企业家就必须懂得并且能够巧妙地利用各种各样的宣传媒介和宣传工具推销自己的专业,懂得如何利用媒体化解突发性的公共危机。推销自己的专业是要让更多人知道他们所不知道的知识,以免产生不必要的误会。化解公共危机也是要让不知道专业知识的人了解事情的起因和处理结果。因此,在现代社会中,优秀的领导者必须懂得更多的公关知识与推销技巧。

企业家遇到问题切不可采用针尖对麦芒的方法硬碰硬,最上乘的处理方式就是能够以柔克刚。因此,企业家如果能够有处理问题的技巧,就能够有比较柔软的身段游刃于问题的解决中。

以上这些也只是成为一个成功企业家必须具备的素质和能力的外围,核心则是成为成功企业家,必须具备先锋的学习意识。只有具备先锋的学习意识,才能获取最正能量的领导力,驱动整个事业的发展。

实训四　撰写大学生创业生涯规划书

【实训目标】

1. 了解创业生涯规划书的内容和要求。
2. 掌握创业生涯规划书撰写的步骤和技巧。
3. 学会根据自身实际撰写创业生涯规划书。

【实训流程】

流程一　选择创业生涯路径

1. 在校生创业可以充分利用高校的创业平台和资源。
2. 选择升学，可以为创业积累更多的知识和人脉资源。
3. 选择国外留学，可以更好地激发创业意识，提高创业素质。
4. 选择先就业再创业，可以更多地积累社会经验与创业资本。

你的创业生涯路径是：_____

流程二　全面认知创业，了解创业对人生发展的价值和意义，熟悉创业环境，了解创业现状和创业政策，具体分析自身的创业动机和创业价值观

1. 创业对你人生发展的价值和意义是：

_____

2. 你的创业动机是：

_____

流程三　分析自己

1. 自身优势：_____
2. 自身不足：_____
3. 自我定位：_____

流程四　分析创业环境

你的创业环境：_____

流程五　决策创业生涯

1. 明确创业方向，你的创业方向是：

_____

2. 规划创业未来，你的创业规划是：

_____

> 小贴士

大学生的创业动机

根据埃尔科·奥蒂奥（Erkko Autio）等在"学生的创业意向：意向模型在亚洲、斯堪的纳维亚和美国的测试"（Entrepreneurial Intent Among Students: Testing an Intent Model in Asia, Scandinavia and USA）中的研究结果，创业的动机大体上可以归为以下4类：对成就的需要、对独立性的偏好、控制的欲望、改变家庭和个人的经济状况。大学生创业是适宜的创业环境与做好创业准备的大学生相结合的产物，但为什么会有大学生在本应认真学习的时候走上了创业道路呢？他们的动机有一定的特殊性，归纳起来主要有以下4种类型。

1. 生存的需要。

首先，家庭经济条件的原因。许多家庭越来越难以负担学校昂贵的学费，国家虽有助学贷款、奖学金制度，但也不能完全解决问题。在沉重的经济负担下，为了顺利完成学业，一部分学生只好利用课余时间通过打工维持正常的学习和生活。在打工的过程中，有一部分具有创业素质的学生会发现商机并且去把握它，从而开始走上了创业的道路。

2. 积累的需要。

按照奥尔德弗（Alderfer）的人本主义需要理论（ERG理论），人的需求分为生存需要、相互关系需要和成长需要。这3种需求并不一定按照严格的由低向高的顺序发展，可以越级。当代大学生随着年龄的增长，对相互关系和成长的需要会逐渐增强。一部分大学生为了增加自己的实践经验，丰富自己的社会阅历，或者为了自己以后的发展，再或者为了实现自己的某个目标做好经济上的准备，在条件成熟的情况下也会利用课余时间走上创业的道路。这个类型的创业者往往以锻炼为目的，承受失败的能力较强。同时，由于压力较小，失败和半途而废的比例比较高。

3. 自我实现的需要。

心理学研究表明：25~29岁是创造力最活跃的时期，这个年龄段的青年正处于创造能力的觉醒时期，对创新充满了渴望和憧憬。他们思维活跃、创新意识强烈，同时所受的约束和束缚较少，按照ERG理论，自我实现对成长的需要也更强烈。另外，由于大学生所处的环境，他们往往更容易接触一些新的发明和学术上的新成果，或者他们中的一部分人本身拥有自主知识产权的科研成果。为了能早日实现自己的目标，他们中的一部分人改变了自己的成功观念，也开始了创业生涯。

4. 就业的需要。

当前，我国的大学生就业形势比较严峻，一方面表现为需求不足，另一方面表现为大学毕业生的工资待遇降低。在这种情况下，为了找到一份自己满意的工作，有一部分大学生也开始了创业。

实训五 大学生创业者素质现状

【实训目标】

1. 了解大学生创业者应具备的素质。

2. 了解自身的创业素质现状,分析自身与创业者的差距。

【实训流程】

流程一 完成下列调查问卷:你敬业吗

根据自身情况,你是否同意以下做法?

1. 不拿公司一针一线。   (   )

  A. 不同意   B. 同意

2. 在规定的休息时间过后,立即返回工作场所。   (   )

  A. 不同意   B. 同意

3. 一看到别人违反规定,立即向公司领导反映。   (   )

  A. 不同意   B. 同意

4. 凡与职务相关的事情,注意保密。   (   )

  A. 不同意   B. 同意

5. 不到下班时间,不离开工作岗位。   (   )

  A. 不同意   B. 同意

6. 不做有损于公司名誉的事,即使这种事并不违反规定。   (   )

  A. 不同意   B. 同意

7. 自己有对本公司有利的意见或方法都会提出来,不管自己是否能得到相应的报酬。   (   )

  A. 不同意   B. 同意

8. 不泄露对竞争者有利的信息。   (   )

  A. 不同意   B. 同意

9. 注意自己和同事们的健康问题。   (   )

  A. 不同意   B. 同意

10. 愿意接受更繁重的任务和承担更大的责任。   (   )

  A. 不同意   B. 同意

11. 只为本公司工作,不兼任其他公司的工作。   (   )

  A. 不同意   B. 同意

12. 对外界人士要说有利于本公司的话。　　　　　　　　　　（　　）
    A. 不同意　　　　　　　　B. 同意

13. 在促进商业利益的公共场合要显得积极。　　　　　　　（　　）
    A. 不同意　　　　　　　　B. 同意

14. 把本公司的目标放在与工作无关的个人目标之上。　　　（　　）
    A. 不同意　　　　　　　　B. 同意

15. 为了完成工作，在工作时间以外自行加班。　　　　　　（　　）
    A. 不同意　　　　　　　　B. 同意

16. 不论在工作中还是在工作以外，避免任何削弱本公司竞争地位的行为。
    　　　　　　　　　　　　　　　　　　　　　　　　　　（　　）
    A. 不同意　　　　　　　　B. 同意

17. 用业余的时间研究与工作相关的信息。　　　　　　　　（　　）
    A. 不同意　　　　　　　　B. 同意

18. 购买本公司的产品或服务，不买竞争者的产品或服务。　（　　）
    A. 不同意　　　　　　　　B. 同意

19. 保证本人家庭成员也采取有利于本公司的行动。　　　　（　　）
    A. 不同意　　　　　　　　B. 同意

20. 凡是支持本行业的人均投赞成票。　　　　　　　　　　（　　）
    A. 不同意　　　　　　　　B. 同意

21. 为了工作绩效要做到劳逸结合。　　　　　　　　　　　（　　）
    A. 不同意　　　　　　　　B. 同意

22. 在工作日的任何时间及工作开始以前，绝不喝烈性酒。　（　　）
    A. 不同意　　　　　　　　B. 同意

计分方法

敬业程度低："不同意"有6个或6个以上。

敬业程度中等："不同意"有3~5个。

敬业程度上等："不同意"有1~2个。

敬业程度卓越："不同意"有0个。

流程二　回答下列问题：你是时间管理达人吗

根据自身情况，请你回答"是"或"否"。

1. 如果没有完成你所希望做的工作，是否有负罪感？
    A. 是　　　　　　　　　　B. 否

2. 即使没有出现严重问题或危机，你也经常感到压力很大？
   A. 是　　　　　　　　　　　B. 否

3. 你有许多并不重要，但长时间未处理的文件或邮件吗？
   A. 是　　　　　　　　　　　B. 否

4. 你常常不能集中精神工作，常常在做重要工作时被打断吗？
   A. 是　　　　　　　　　　　B. 否

5. 你常常感觉有许多事情要做，但做起事情来又感觉效率低下吗？
   A. 是　　　　　　　　　　　B. 否

6. 你常常把工作推到最后一分钟，然后再很努力地去做完它们吗？
   A. 是　　　　　　　　　　　B. 否

7. 你感觉自己的工作落下了很多，总是很难在规定时间内完成吗？
   A. 是　　　　　　　　　　　B. 否

8. 你很想跟家人多待一会儿，可你感觉根本就没有时间吗？
   A. 是　　　　　　　　　　　B. 否

9. 都没有时间和朋友聚一聚，感觉自己生活的圈子越来越小了吗？
   A. 是　　　　　　　　　　　B. 否

10. 你知道自己迫切需要提高工作技能，但总是无暇阅读与工作有关的书籍吗？
    A. 是　　　　　　　　　　　B. 否

11. 你没有开通微博，没有时间尝试新鲜事物，感觉自己落伍了吗？
    A. 是　　　　　　　　　　　B. 否

12. 你没有时间去从事什么业余爱好，觉得太奢侈了吗？
    A. 是　　　　　　　　　　　B. 否

13. 感觉自己没有在有限时间里做自己应该做的事情，每一天都忙却忙不对地方吗？
    A. 是　　　　　　　　　　　B. 否

14. 很想好好给自己放个假，但如果长休了一段时间，又会有负罪感吗？
    A. 是　　　　　　　　　　　B. 否

15. 你常常沉醉于过去的成功或失败之中，不敢想未来会怎样吗？
    A. 是　　　　　　　　　　　B. 否

16. 觉得自己的宏图大志只有在梦中实现了吗？
    A. 是　　　　　　　　　　　B. 否

计分方法

你的时间管理能力很强:"是"有5个以下。

你的时间管理能力一般:"是"有5~10个。

你的时间管理能力很差:"是"有10个以上。

小贴士

关于时间,以下是你必须知道的真相

1. 平均每30分钟,你会受到一次打扰。
2. 平均每次打扰用时大约是5分钟,总共大约4小时。
3. 如果你让自己一天做一件事情,你则会花一整天去做。
4. 如果你让自己一天做20件事情,你则会完成7~8件甚至更多。
5. 一年之中,你真正在做有价值的事情的时间不会超过90天。
6. 3年内,如果你好好地规划一下你的人生和时间,你能够取得的成就将是之前的3~5倍。

如何做好时间管理

人的一生,两个最大的财富是:你的才华和你的时间。才华越来越多,但是时间越来越少,我们的一生可以说是用时间来换取才华的。如果时间一天天过去了,而才华没有增加,那就是虚度了时光。所以,我们必须节省时间,有效率地利用时间。如何有效率地利用时间呢?下面提几条建议。

1. 兴趣目标

做你真正感兴趣、与自己人生目标一致的事情。"生产力"和"兴趣"有着直接的关系,而且这种关系不是单纯的线性关系。如果遇到我们不感兴趣的事情,我们可能会花掉40%的时间,但只能产生20%的效果;如果遇到我们感兴趣的事情,我们可能会花掉100%的时间,而得到200%的效果。

2. 记录时间

知道你的时间是如何被花掉的。挑一个星期,记录下每30分钟做的事情,然后做一个分类(如读书、准备考试、和朋友聊天、社团活动等)和统计,看看自己在什么方面花了太多的时间。一周结束后,分析一下,这周你的时间还可以如何更有效率地被安排?有没有活动占太大的比例?有没有什么方法可以提高效率?

3. 零散时间

使用碎片时间和"死时间"。如果你做了上面的时间统计,你一定发现每天有很多时间流失掉了,例如,等车、排队、走路、搭车等,这些时间可以用来背单词、打电话、温习功课等。无论自己忙还是不忙,你要把那些可以利用碎片时间做的事事先准备好,等到空闲的时候再有计划地拿出来做。

4. 要事为先

每天一大早挑出今天最重要的3件事，当天一定要能够做完。在工作和生活中每天都有干不完的事，唯一能够做的就是分清轻重缓急。要理解急事不等于重要的事情。每天除办又急又重要的事情外，一定要注意不要成为急事的奴隶。有些急但是不重要的事情，你要学会放掉，要能对人说"不"！

5. 要有纪律

有的年轻人会说自己"没有时间学习"，其实换个说法就是"学习没有被排上优先级次序"。时间管理就是要找到自己的优先级，若颠倒顺序，一堆琐事占满了时间，重要的事情就没有空位了。

6. "二八"原则

运用"二八"原则。人如果利用最高效的时间，只要20%的投入就能产生80%的效率。相对来说，人如果利用最低效的时间，80%的时间投入只能产生20%的效率。一天头脑最清醒的时候，应该放在最需要专心的工作上。

7. 平衡原则

平衡工作和家庭。对家庭的时间分配可采用下列原则：

制定较低的期望值以免造成失望；忙中偷闲——不要一投入工作就忽视了家人，有时10分钟的体贴比10小时的陪伴更受用。

8. 有效管理

有意识地安排自己的时间，只允许自己把时间用在最有意义的事情上。就算我们以往获得的成就在别人眼中只是微不足道的，我们依然有无数个为自己骄傲的理由。

9. 选择与决定

一天只有24个小时，时钟每时每刻都在不停地往前走，但是我们想干的事情又偏偏那么多。因此，我们必须学会选择并做出明确的决定：面对不同的人或事，我们要选择说"是"或者说"不"；面对那么多的事情，我们要决定如何利用每天仅有的24小时。

10. 学会放弃

现代人的生活太纷繁复杂了。形形色色的工作、约会、消遣或是娱乐，使人越来越应接不暇，渐渐忘记了那句至理名言：少即是多。

11. 学会专注

有句话常说"该干什么的时候就干什么"，这话还是有独到的智慧的。因此，请你在处理一件事情的时候尽可能地专注，在生活中也要时刻谨记自己的目标与方向。千万不要只顾追求表面上的高效率，不断地盲目加速，却忘记了自己生活与工作的重心。

模块十　组建创业团队

创业素质是完成创业活动与任务所应具备的基本条件和特点，作为一名创业者，应该具备什么样的创业素质？我们是否已经具备这些素质？我们与创业者之间还有多大的差距？我们是否具备组建和管理创业团队的能力？这是本模块要实训的内容。

实训一　认识创业团队

【实训目标】
1. 了解创业团队的价值。
2. 学会更好地与人沟通，树立团队目标。

【实训流程】
流程一　组建一个6人团队
你组建团队的目的是：
_____

你选人的标准是：
_____

流程二　分别介绍你的团队成员
1. _____
优点：
_____
缺点：
_____
为什么选他（她）：
_____
2. _____

优点：
_____

缺点：
_____

为什么选他（她）：
_____

3. _____
优点：
_____

缺点：
_____

为什么选他（她）：
_____

4. _____
优点：
_____

缺点：
_____

为什么选他（她）：
_____

5. _____
优点：
_____

缺点：
_____

为什么选他（她）：
_____

流程三

总结本团队的特征和优势。
_____

团队成员的角色如何分配？
_____

设计本团队的徽标。

小贴士

怎样动态地识人用人

一、方法

1. 通过谈话，你需要快速对一个陌生人做出基本判断。
2. 你做前面这个谈话和判断，是为了选择合作者，构建人际关系。

二、零件与细胞

如果将人视为"零件"，就很容易用固定的标准去对标。虽然看起来流程严苛，但其实对你来讲，心理关其实是很宽松的。因为，反正有标准，达标就行，不行还可以换。

如果把组织视为一个有机体，把个人视为"细胞"，细胞不只是局部，一旦细胞不能融入组织，细胞就会坏死，个体也会蒙受巨大损失。如果把应聘者看作"细胞"而不是"零件"的时候，即使选人的标准不变，你也会更加地谨慎。所以，从一开始就按照共同体的演化方向选人，而不是按照个体历史背景去选人。

三、万能问题

1. 如果你突然有半个月的带薪假，只有一个条件，就是必须研究一件事，你会研究什么？

这个问题可用来判断一个人的内在驱动力。为什么这么强调内在驱动力？因为，了解了一个人内在驱动力的强弱，基本上就可以判断出这个人未来应对变化的能力。当环境对他提出新要求时，他的抗压能力强不强，能不能主动适应变化，就能从这个问题中反映出来。

2. 你在之前的人生经历中，做过什么重要的取舍？

这个问题用来判断人的关系偏好，看他与身边人的关系如何。看一个人做取舍的方式，能够了解他的进退感和分寸感，进而了解他是不是一个有清晰边界意识的人。在倾听这个问题时，不能用自己的价值观去对他人的经历进行判断，而是要把注意力放在事实问题上。

3. 你正在做的行业，行业里最顶尖的人或公司有哪些，他们是怎么做的？

这个问题用来判断人的自我期望值，看他怎么对待自己还没有达到的目标，从中可以看出他的目标管理能力。特别是，对那些内在驱动力很强的人来说，他们能不能把内在驱动力转化为行动力，就可以用这个问题来检验。

4. 针对刚才提到的某个重要的项目或者工作，如果你有机会能重新做一遍这件事，会有哪些地方不一样？

这个问题用来判断反思能力和做事的颗粒度，看他对过往的事情是否有清醒的觉察，同时可以评估他对机会的敏感度。每个人做事的颗粒度不同，做事的颗粒度越细，就越能做成一件事。所以，这个问题的价值在于，你不仅能看到一个人的反思深度，也能看到他做事的颗粒度。

区分成功是来自团队合作还是个人发挥。如果对一个人的内在驱动力、关系构建能力、目标感和反思能力都有了充分了解，那么一定可以非常理性地对这个应聘者是否能够成为自己人做出准确判断。

实训二　模拟团队管理

【实训目标】

1. 通过组建团队，了解如何建立自己的人际关系网络。
2. 了解创业团队是如何运作的。
3. 初步掌握管理经验，使自己的团队成为一个有凝聚力、战斗力的团队。

【实训流程】

流程一　假设你初创一家科技公司，你的团队成员是5人，你将怎么分工

1. _____
2. _____
3. _____
4. _____
5. _____

流程二　目标管理

阅读下面的小故事，确定你们团队的目标。

有人问3个正在工作的石匠在做什么。

第一个石匠说："我在混口饭吃。"

第二个石匠一边敲打石块一边回答："我在做全国最好的石匠活。"

第三个石匠眼中闪烁着智慧说："我在建造一所大教堂。"

目标指导行动。三个不同目标的石匠，最终产生的结果也不一样，如果只是混口饭吃，可能最后连饭都吃不饱。所以，一个团队必须有目标，每个团队成员也必须有个人明确的目标。团队管理人员有责任为团队成员制定适宜的目标。因此，目标管理是管理团队的一个重要方法。

你们团队的目标是：

_____

流程三　绩效管理

中国有句俗语说："又要马儿跑，又要马儿不吃草。"这种方式，在团队管理中是要不得的，而且行不通。团队管理，一定要有激励机制，激励一定要团队成员能看得到，经过努力能够得着。

你准备怎样进行绩效管理？

_____

流程四　期望管理

当前，很多老板都感觉困惑："我的企业不错呀，给他的薪水也不低，福利还可以，为什么就是留不住他呢？"当发现不少离职员工投身的是一个甚至各方面条件都不如自己原来公司的新公司时，老板就更是摸不着头脑了。

问题的关键是，作为团队领导缺乏对下属的了解，你知道你的团队成员在想什么吗，想要什么吗？你知道他的期望是什么吗？对团队期望管理的匮乏，导致了前面的不良状态。

你的团队成员的期望是什么？

1. _____
2. _____
3. _____
4. _____
5. _____

流程五　阅读下列小故事，总结团队合作必要的要素

1. 狮子和老虎之间爆发了一场激烈的冲突，战到最后，两败俱伤。

狮子快要断气的时候，对老虎说："如果不是你非要抢我的地盘，我们也不会弄成现在这样。"

老虎吃惊地说："我从未想过要抢你的地盘，我一直以为是你要侵略我！"

这个小故事说明了什么？

_____

2. 两只鸟在一起生活，雄鸟采集了满满一巢果仁让雌鸟保存，由于天气干燥，果仁脱水变小，一巢果仁看上去只剩下原来的一半。

雄鸟以为是雌鸟偷吃了，就把它啄死了。

过了几天，下了几场雨后，空气湿润了，果仁又涨成满满的一巢。

这时，雄鸟十分后悔地说："是我错怪了雌鸟！"

这个小故事说明了什么？

_____

3. 两只乌鸦在树上对骂起来，它们越骂越凶，越吵越激动，最后，一只乌鸦随手捡起一样东西朝另一只乌鸦扔去。

那东西击中另一只乌鸦后，碎裂开来，这时丢东西的乌鸦才发现，自己扔出去的东西，原来是自己的一只尚未孵化好的蛋。

这个小故事说明了什么？

_____

4. 小羊请小狗吃饭，它准备了一桌鲜嫩的青草，结果小狗勉强吃了两口就再也吃不下去了。过了几天，小狗请小羊吃饭，小狗想：我不能像小羊那样小气，我一定要用最丰盛的宴席来招待它。

于是，小狗准备了一桌上好的排骨，结果小羊一口也吃不下去。

这个小故事说明了什么？

_____

5. 小猪开始学做蛋糕，但它做出来的蛋糕总是不好吃。它问公鸡师傅，公鸡想了想，问它做蛋糕的原料是什么。

小猪说，为了怕浪费，它做蛋糕用的全是一些快要坏了的鸡蛋。公鸡师傅对小猪说："记住，只有用好的原料才能做出好的蛋糕。"

这个小故事说明了什么？

_____

一个好的团队氛围，也会感染一些不合群的员工。只有快乐的氛围才能让团队成员发挥最大的能力，也愿意奉献更多的时间给团队。

小贴士

成功创业团队的八大特征

一个成功的创业者需要知道如何管理团队，并具备领导团队运作的能力。一般而言，成功的创业团队运作应该具备以下八大特征。

1. 凝聚力

团队是一体的，成败关系整体而非个人，成员能够同甘共苦，经营成果能够公开且合理地分享，团队就会形成坚强的凝聚力与一体感。

2. 与企业同成长

团队成员保持对企业长期经营的信心，对企业经营成功给予长期的承诺，每一名成员均了解企业在成功之前将会面临的挑战，并承诺不会因为一时利益或困难而退出，同意将股票集中管理。如有特殊原因而提前退出团队者，必须以票面价值将股权转让给原公司团队。

3. 企业价值发掘

团队成员全心致力于创造新企业的价值，以创造新企业价值为创业活动的主要目标，并认识到唯有企业不断增值，所有参与者才有可能分享到其中的利益。

4. 股权分配合理

平均主义并非合理，团队成员的股权分配不一定要均等，但需要合理、透明与公平。通常，创始人与主要贡献者会拥有比较多的股权，但只要与他们创造的价值、贡献的能力相配套，就是一种合理的股权分配。

5. 利益分配公平有弹性

创业之初的股权分配与以后创业过程中的贡献往往并不一致，会发生某些具有显著贡献的团队成员拥有股权较低，贡献与报酬不一致的不公平现象。因此，好的创业团队需要有一套公平的弹性利益分配机制，弥补上述不公平的现象。

6. 能力搭配完美

创业者寻找团队成员，应该基于这样的考虑——弥补当前团队资源能力上的不足。也就是说，通过考虑创业目标与当前团队能力的差距，寻找所需的配套成员。

7. 创业激情

建立优势互补的团队是创业的关键。团队是人力资源的核心，"主内"与"主外"的不同人才，耐心的"总管"和具有战略眼光的"领袖"，技术与市场两个方面的人才，都不可偏废。

8. 互信

猜疑会令企业瓦解。近年来，中关对每年的企业倒闭率在25%左右，其中很重要的一个原因，就是创业团队内部不团结。而建立和维护创业团队成员之间的信任，简单地说，一是要增强信任；二是要防止出现不信任，避免由信任转变为不信任。

创业团队的组建是没有任何神奇公式的，它类似于把拼板玩具的每一块拼凑起来，而能否搭建起来，关键要看所选拼板是否合适。

实训三　带领团队成员开展团建

【实训目标】

1. 通过团建活动，可以丰富团队成员的业余生活，放松工作压力，起到劳逸结合的效果，增加团队成员之间的情感交流。

2. 更好地增进了解，建立团队成员之间的信任，激励团队成员有更高的工作效率和拼搏精神。

【实训流程】

流程一 组织团队开展下面两个团建游戏

1. 团建游戏——"齐眉棍"游戏规则。

游戏简介：全体学员分为两队，相向站立，共同用手指将一根棍子放到地上，手离开棍子即失败。这是一个考察团队是否同心协力的活动体验。所有学员将按照培训师的要求用手指上的同心杆，完成一个看似简单却最容易出现失误的项目。此活动深刻揭示了企业内部的协调配合问题。

游戏人数：10~15人。

场地要求：室内或户外一块开阔的场地。

所需道具：3米长的轻棍。

游戏时间：30分钟左右。

活动目的：在团队中，如果遇到困难或出现了问题，很多人马上会找到别人的不足，却很少发现自己的问题。队员间的抱怨、指责、不理解，对团队的危害很大。这个活动目的在于告诉大家："照顾好自己就是对团队最大的贡献。"提高队员在工作中相互配合、相互协作的能力。统一的指挥加上所有队员的共同努力，对团队成功起着至关重要的作用。

2. 团建游戏——"雷区穿越"游戏规则。

游戏类型：户外游戏、团队素质拓展游戏。

游戏时间：15~30分钟。

游戏人数：至少12人，越多越好。

所需道具：给每对搭档一块蒙眼布，两根约10米长的绳子，一些报纸，使用对角线约60厘米的硬纸板或者胶合板代表游戏中的"地雷"。

详细步骤如下。

（1）选一块宽阔平整的游戏场地。

（2）安排不参加游戏的人做监护员。当参加游戏的人较多时，游戏场地会变得非常喧闹。这是一个有利因素，因为这会使穿越"地雷阵"的人无所适从，难以分清听到的指令是来自自己的同伴，还是来自其他小组的人。

（3）让每个队员找一个搭档。

（4）给每对搭档发一块蒙眼布，每对搭档中有一个人要被蒙上眼睛。

(5) 眼睛都蒙好之后，就可以开始布置"地雷阵"了。把两根绳子平行放在地上，两绳相距约为10米。这两根绳子标志着"地雷阵"的起点和终点。

(6) 在两绳之间尽量多地铺上一些报纸（或是硬纸板、胶合板等）。

(7) 被蒙上了眼睛的队员在同伴的牵引下，走到"地雷阵"的起点处，挨着起点站好。他的同伴后退到他身后2米处。

(8) 在同伴的指导下穿越"雷区"，用时最短的一队获胜。

流程二　总结

在游戏过程中，自己的精神状态是否发生了变化？

_____

是否有依赖思想，认为自己的松懈对团队影响不大？最后出现了什么情况？

_____

要在竞争中取胜，最重要的是什么？

_____

小贴士

团建的八大举措

作为一个管理者，比如，我们作为创业者也就是管理人员，在营造高效团队方面，一般来说，可以采用哪些比较常用的手段呢？下面分享八个常用举措。

举措一

作为管理者，我们应该在团队中建立共同的愿景、共同的价值观和共同的目标。一个团队，只有就愿景、价值观和目标达成共识，大家才可能心往一处想，劲儿往一处使。

举措二

作为管理者，我们在团建的过程中应该注意制度建设、文化建设和人文关怀并举。因为，一个团队不能没有规章制度，但一个团队也不能只有规章制度。

举措三

在营造高效团队的过程中，我们需要清晰责任、明确分工。在工作的过程中，我们强调需要团队成员合作和互助，但前提条件一定是要明确分工。因为，良好的分工是为了更好地协作。

举措四

在一个团队的建设过程中，我们作为团队管理者，应该在团队里面营造一种良性的竞争氛围。

举措五

因为，人其实很难保持旺盛的工作热情，一个人要想一天、三天或者一个星期都保持旺盛的工作热情是可以做到的，但如果期望他一个月、三个月、半年、一年甚至更长时间都能够保持旺盛的工作热情，这确确实实是很难做到的。所以作为管理者，我们就需要通过一些激励手段让下属保持旺盛的工作热情，从而激发团队成员的潜能和保持他们的战斗力。

举措六

作为管理者，我们在团队工作开展的过程中，应该多夸赞，慎批评。因为，人性决定了人都是喜欢被夸赞的，不太喜欢被批评和指责。所以，我们作为管理者，在工作开展的过程中，应该多从正面的、积极的角度来看待和评价员工。

举措七

作为管理者，我们在工作开展的过程中，应该营造学习型团队的氛围。也就是说，我们应该在整个团队中营造一种不断进步、不断成长的团队氛围。而且作为管理者，我们一定要自己先带头学习。

举措八

作为管理者，我们不能只是关注工作，关注每个员工的工作任务有没有按时、按质和按期地完成。在团队工作开展的过程中，我们还需要去关心员工的生活。这个时候，我们就可以在团队中组织一些集体的活动，如聚餐、户外体育运动拓展等相关的活动，通过这些活动调节我们团队成员的工作和生活，从而他们在工作过程中也能够享受到生活的愉悦。

实训四 分析团队成功的案例

【实训目标】

1. 通过对团队合作成功案例的分析，初步了解团队管理的原则和技巧。
2. 开阔眼界，吸取别人的管理长处为己所用。

【实训流程】

流程一　阅读下列案例

起步：谦虚的领导者

李铭、王强、田光华3人大学毕业后进入一家国有电力公司工作，他们是很要好的朋友。3个人当中，以李铭的思考力最为成熟，成为3个人的领导中心。因此，当李铭提出辞职自己创业时，王强、田光华举双手赞成。

在讨论做什么创业项目时，王强、田光华对李铭说："你的脑筋好，就由你去筹划好了。""不！"李铭郑重其事地说，"这是关系我们3个人一生事业前途的大事，大家一人想一个，然后再商量决定。"王强、田光华认为李铭的谦辞是多余的，由于平时私交很深，他们都相信李铭出的"点子"一定比他们高明，这种筹划方面的事，应该由他一手包办。可是，李铭坚持不肯这样做，一定要他们也去想想看，有什么行业适合他们做。

关于做什么项目，3个人开了一次正式会议。李铭、田光华的看法相同，认为应该干水电工程。王强本想做电机，一听两人意见一致，他马上放弃了自己的意见。不过，李铭还是为他解释了一番，使他放弃得心服口服。

点评：适当的谦辞并非多余，在充分听取团队成员的意见之后，再做决定，让持有不同意见的成员心服口服才能树立共同的目标。

章程：规范管理的基础

在团队组建之初，李铭就提出要建立章程。"算啦，要什么章程？"王强很豪放地说，"凭我们3个人这份交情，谁还会骗谁？""不，交情归交情，生意归生意。"李铭郑重其事地说，"生意上的事，我们一定要弄得一清二楚，一点儿也不能马虎。生意做好了，知道是怎么好起来的；生意做垮了，清楚是怎么垮的。千万不能为了生意上的事纠缠不清，损害了我们多年的友情。"

1. 公司分作3股，一股的资金占四成，其余两股各占三成。因为公司一定要有个负责人，负责人的工作不但重要，而且在资金上冒的险要大些。李铭作为负责人占股四成。

2. 头3年赚的钱，除各人应领的薪水及年节奖金之外，不得额外支用，全部用于扩展业务。有很多合伙人做生意在赚钱之后，由于合伙人的生活、思想都进入一个新的境界，难免彼此生出异心，或觉得合伙经营不如自己做，抑或感到生意已经很赚钱了，不想再扩展业务范围。

3. 在3个人的事业中，不准任何人的太太参与经营，在公司担任实际的工作。这时候，只有李铭一个人结了婚。所以，目前这一条是给李铭规定的。

4. 任何人不得私自任用亲人，所有员工都必须经过考试才能录用。合伙人的亲戚朋友，一旦介入公司工作，在管理上就会发生很多复杂的问题。

招人：性别背后有学问

章程订好了，三个人开的水电行也跟着开业。虽然工作很辛苦，但彼此处得相当愉快。后来，王、田两人想帮李铭改善家庭收入，提出让李铭妻子来做会计，但被李铭坚决制止。因为章程决不能轻易被打破。

当时公司确实需要人手,但李铭想用男员工,这背后还有一层不足为人道的顾虑。王、田两人都还没有结婚,如果雇用一个女孩子,则很可能成为他们两个追求的对象,这一来,麻烦的事就多了。一旦两个人变成情敌,他们合伙的事业就会受到严重的影响。

假如只有一个人追求这个女孩子,问题也不简单,一旦追求成功结了婚,这个女孩子是否还在公司里工作?虽然公司章程中有明文规定,任何人的太太不得在公司里工作,但她原来就是在公司里工作的,如果一结婚就让她辞掉工作,这是很不近人情的决断,很可能会因此伤了彼此的感情。

因此,李铭暗暗下了决心,王、田两人没有结婚成家期间,公司里决不用女职员,免得在公司内部引起感情纠纷。

调整:从说服到信服

公司下一步想做电梯维护业务,但是另外两个人不同意,于是李铭搜集有关电梯发展的资料,开始跟王、田两人正式磋商,把他们顾虑的问题一一加以分析。王、田两人被他说服了,但他们还有一层顾虑:我们谁有这份能力做?

李铭说:"我们要从事这一行,当然要把这一行学精,我已经跟一家日商接过头,如果我们代理他们的产品,他们负责为我们训练技术人员。"

两人一听,知道他对此事已有了通盘的打算,所以不再有异议,同意一切由他全权去安排。但李铭仍然不肯独自决断,关于派人到日本去学习电梯技术的事,仍跟两个人磋商,派谁去比较合适。

其实,这种磋商也只有一个结论,因为在3个人之中,只有李铭会说日语,而且一开始是他跟日商接头的,当然他去最合适。

李铭对这一决定并不反对,但他在临去日本之前,做了两项决定:一是他在日本的一切费用,由公司负责支付;二是他学的技术归公司所有,不管他们将来电梯事业发展到何种程度,一切利益都由他们3个人分享,他不能以任何理由,独自发展电梯事业。

流程二　分析这个团队成功的原因

成功的原因:

_____

你需要借鉴的内容:

_____

小贴士

团队的形成和发展以组织目标为参照，可以分为四个阶段：创建期、磨合期、凝聚期、整合期。

一、创建期

团队成立初期，都会有雄心勃勃的发展目标和发展计划，但随着人员的逐渐丰满，目标和计划不可避免地要有相应的微调。这一方面是团队组织者的经验与实际运行的差异，另一方面是外部因素的变化使团队不得不努力适应这种变化的节奏。

二、磨合期

磨合期的动荡是每一个团队都要经历的特殊时期。进行有效磨合，并顺利地度过这段敏感的时期，对团队领导以及团队领袖的综合能力都是一个考验。

这一时期，人际关系也变得紧张起来，个别新锐试图挑战领导者的权威，巨大的工作压力使人焦虑不安，严重的时候甚至会引发内部冲突。

三、凝聚期

凝聚期会逐渐形成独有的团队特色，成员之间以标准的流程投入工作，分配资源，团队内部无私地分享各种观点和各类信息，团队荣誉感很强。

在凝聚期，团队的士气高涨，即使面对极富挑战性的工作，团队成员也会表现出很强的自信心。如果个人不足以独立完成工作，就会自然地寻求合适的团队成员配合，甚至在特殊的情况下自我激发潜能，超水平发挥，取得意想不到的成功。在凝聚期，每一个队员都会表现出很强的主观能动性。

四、整合期

团队在实现了自己的阶段性目标后，必然要进行组织整合。整合过程其实就是组织调配力量，为下一个目标进行筹备的前奏。这个时期一般也没有太大的工作压力，团队士气相对平稳。

特别要说的是，生产力水平还是一样会高位运行，团队成员继承了前一时期的工作作风，对付日常工作显得游刃有余。

实训五 分析团队失败的案例

【实训目标】

1. 通过对失败案例的分析，找到团队合作失败的主要原因。
2. 借鉴他人失败的教训，以期在今后自己管理团队的过程中尽量避免。

【实训流程】

流程一　上网寻找3个合伙人创业失败的案例

案例一：
_____

分析失败原因：
_____

案例二：
_____

分析失败原因：
_____

案例三：
_____

分析失败原因：
_____

流程二　总结上述3个案例中你可以借鉴的方面
_____

小贴士

导致团队合作失败的原因

一、追究对错而不是解决问题

情境分析：很多团队在讨论问题的时候，提出很多批评性的问题，经常有人会在会议中提问："谁做的？谁的责任？当时为什么这么做……"人们的关注点往往集中在事件的对错上，而非尽可能地罗列当时的真实情境，通过"复盘"的方式，帮助参与者思考如何才能做得更好、有没有更好的解决方式，以帮助团队更好地成长。

处理方法：事先建立讨论规则；不是以对错为讨论的中心点，而是以反思如何进行改善为核心；尽量多地提出有利于思考的问题，而不是质疑性的、批评性的问题。

二、"麦霸"的影响力

情境分析：几乎在每一个团队会议中，都会活跃着一些"麦霸"，他们大声表达自己的意见，并且试图引人注意；还有一种说法叫"三人成虎"，就是一些相互熟悉的人相互应和，也会影响会议思考的整体走向。这两种情境形成的意见，往往容易成为会议的最终意见。在这个过程中，那些不太善于表达的伙伴，虽然也可能会有一些不同意见，但往往会非常容易放弃思考，不再发表其他意见。一旦这种会议风格形成了习惯，团队的整体思考就会开始退化，多元化的声音也不复存在。

处理方法：利用结构化的方式进行讨论；轮流发言或者充分利用便利贴，让每个人都有同等表达意见的机会与权利；使参与者面对白板阐述意见，而不是与他人面对面，避免更多的争辩。

三、团队思考的结果不一定大于个体思考的结果

情境分析：有一个很有意思的故事，当只有一个和尚或两个和尚的时候，喝水都没有问题，在第三个和尚出现以后，却出现了没水喝的情况。在团队思考过程中，如果参与者非常想突出自己的意见或者立场非常明确的时候，就会形成极端的意见争论的情境，最终无法达成共识。

处理方法：运用结构化的讨论流程；建立某种假设，以帮助一些意见呈现出来；运用系统思考的方式，帮助大家脱离思考的恶性循环模式；增加一些团队的外部人员，带来"鲇鱼效应"。

四、团队思考中的社会性偷懒现象

情境分析：经常会发现在小组讨论的过程中，总是有一些人会游离在外面，当有机会与他们面对面讨论的时候，会得到这样的回答："少我一个人的意见，也无所谓……"这种现象，并不是个例，往往也不是他们恶意的行为，而是因为小组讨论过程中人数设置得不够合理，当小组人数超过5人时，这种现象就会发生。所以，小组成员在6人以下，是比较合适的配置。

处理方法：减少团队人员配置；事先划定每个参与者的角色与任务；轮流发言或者充分利用便利贴，让每个人都有同等表达意见的机会与权利；规定发言的规则，以鼓励大家积极发言，而不随意打断他人的发言。

五、情绪上的对立

情境分析："我根本就没听他的意见，因为我非常讨厌那个发言的家伙。"在实际的会议中，这样的牢骚会有很多，人们因为各种原因，或者担心在现场产生更强烈的"情绪上的对立"，因而不愿意发表自己的真实意见。

处理方法：敏感觉察场域的变化；当发生对立时，必要的休息是很好的缓冲机会；运用意见矩阵，引导大家面对白板而不是面对面进行争论。

六、管理者的智慧

情境分析：我们的管理者在主持会议的时候，虽然秉承着中立的、群策群力的原则，期待参与者说出有创意的意见，但由于管理者经历过较多的实践，可能会习惯性地说出"答案"或"评价性的意见"，告诉参与者应该这样做，或者不应该这样做。管理者与参与者之间本身就有层级、地位的差距，这样的情况多次发生以后，参与者将不再会积极参与意见表达，而是会在会议上采取试探的方式，先探询管理者的真实意思，再根据所获得的结果表达意见。表面上看团队讨论非常和谐，却不再有创新性、多元化的想法产生。

处理方法：在讨论前建立规则，管理者不在第一、第二、第三位发言；不说答案、不说评价性的结果，而是阐述自己思考的过程，激发大家的共同思考；利用便利贴，让更多人的意见为大家所听到。

第五章 创业机会识别与商业模式分析

模块十一 寻找创业项目

创业项目是创业者愿意并有能力操作的、市场需求真实存在的商业机会。影响创业困境的首要变量是缺乏合适的创业项目,其次才是缺乏启动资金和良好的创业团队。如果创业者在开始创业项目之前有针对性地进行项目寻找训练,在选择创业项目时采取科学的思路与方法、准确识别和把握市场机会,就可以有效提高创业成功率。从宏观上和微观上全面分析创业项目,提高创业项目的寻找与选择能力,提高选择的项目质量,走好创业的第一步。

实训一 寻找创业机会

【实训目标】
1. 了解创业项目选择的路径。
2. 找到自己擅长的领域。
3. 了解现行的经济政策。

【实训流程】
流程一 了解创业项目选择的路径
你的专业是:
_____

你业余时间喜欢关注的领域是:
_____

你在浏览微博、抖音等平台时的主要侧重点是：
_____

你与好友经常谈论的内容涉及哪些？
_____

流程二　找到自己擅长的领域
总结你喜欢的领域。
_____

你擅长做的事情是：
_____

流程三　了解现行的经济政策
在你擅长的领域，国家今年的经济政策涵盖哪些内容？
_____

目前的经济热点有哪些？
_____

你认为未来的朝阳产业有哪些？
_____

你所在地区的经济特点有哪些？
_____

你所在地区对大学生创业的扶持计划是什么？
_____

团队利用头脑风暴法发掘项目。
_____

小贴士

大学生创业通常选择的方向

一、高科技领域

身处高新科技前沿阵地的大学生，在这一领域创业有着近水楼台先得月的优势，"易得方舟""视美乐"等大学生创业企业的成功，就是得益于创业者的技术优势。但并非所有的大学生都适合在高科技领域创业，一般来说，技术功底深厚、学科成绩优秀的大学生才有成功的把握。有意在这一领域创业的大学生，可积极参加各类创业大赛，获得脱颖而出的机会，同时吸引风险投资。

二、智力服务领域

智力是大学生创业的资本，在智力服务领域创业，大学生游刃有余。例如，家教领域就非常适合大学生创业。一方面，这是大学生勤工俭学的传统渠道，积累了丰富的经验；另一方面，大学生能够充分利用高校教育资源，更容易赚到"第一桶金"。此类智力服务创业项目成本较低，一张桌子、一部电话就可开业。

三、连锁加盟领域

对创业资源十分有限的大学生来说，借助连锁加盟的品牌、技术、营销、设备优势，可以较少的投资、较低的门槛实现自主创业。但连锁加盟并非"零风险"，在市场鱼龙混杂的现状下，大学生涉世不深，在选择加盟项目时更应注意规避风险。一般来说，大学生创业者资金实力较弱，适合选择启动资金不多、人手配备要求不高的加盟项目，从小本经营开始为宜。此外，最好选择运营时间在5年以上、拥有10家以上加盟店的成熟品牌。

四、网店或实体店

大学生开店，一方面，可充分利用高校的学生顾客资源；另一方面，由于熟悉同龄人的消费习惯，入门较为容易。正因为走"学生路线"，所以要靠物美价廉来吸引顾客。电子商务、互联网的发展日新月异，淘宝的出现，的确改写了中国的商业格局，互联网消费成为人们当今生活的主流。可以说，淘宝是中国互联网消费的鼻祖，淘宝让许多人成为百万富翁，让消费者购物更便捷，物流业发展更迅猛。淘宝在改变了人们生活方式的同时，改写了许多人的命运，想着能够"自己当家做主人"，自己给自己打工。

五、技术创业

大学生毕业后，在学校学习的课程很难应用到实际工作中。毕业后学习一门技术，可以让大学生很快融入社会。有一技之长进可开店创业，退可打工积累资本。好酒不怕巷子深，所以有一技之长的大学生在开店创业的时候，可以避开热闹地段，节省大量的门面租金，把更多的创业资金用到经营活动中去。

实训二　识别创业机会

【实训目标】

1. 了解创业机会的类型。
2. 会利用所学知识有效整合、管理和评估有效信息，从而确定创业时机。

【实训流程】

流程一　根据实训一的内容进行标准化识别

对数据和信息进行总结，得出初步印象。

识别出三种创业机会。

创业机会1：

_____

创业机会2：

_____

创业机会3：

_____

流程二

利用贝蒂的选择因素法，通过11个选择因素的设定对创业机会进行判断，如下表所示。如果某个创业机会只符合其中的6个或更少，这个创业机会的成功概率就较小；相反，如果某个创业机会符合其中的7个或更多，那么这个创业机会将大有希望。

贝蒂的选择因素法判断表

选择因素	是/否
这个创业机会现阶段是否只有你一个人发现了	
初始的产品生产成本是否可以承受	
初始的市场开发成本是否可以承受	
产品是否具有高利润回报的潜力	
是否可以预期产品投放市场和达到盈亏平衡点时间	
潜在的市场是否巨大	
你的产品是不是高速成长的产品家族中的第一个成员	
你是否拥有一些现成的初始用户	
是否可以预期产品的开发成本和开发周期	
是否处于一个成长中的行业	
金融界是否能够理解你的产品和顾客对它的需求	
总分	

流程三

对上述内容进行个性化识别并综合考量自身的优势，包括但不限于本人专业、团队、资源、资金能力等，最终选定创业机会。

小贴士

蒂蒙斯创业机会评价模型

创业机会的有效识别依赖于客观和主观两个方面：客观上良好的评价系统和评价指标，以及主观上创业者能够正确获得信息和感知机会的能力。一些研究中提到了创业者与创业机会识别的个人特性，包括警觉性（Alertness）、风险感知（Risk Perception）、自信（Self-efficacy）、已有的知识（Prior Knowledge）、社会网络（Social Network）等。

蒂蒙斯（Timmons）总结出一个包含八类分项指标的创业机会评价模型，如下表所示。蒂蒙斯认为，现实中有成千上万适合创业者的特定机会，未必能与这个评价模型相契合，但该模型是目前包含评价指标比较完全的一个体系。该评价体系提供了一些量化方式，使创业者对行业和市场、竞争优势、经济结构和收获条件、管理团队、致命缺陷问题，以及这些要素加起来是否可以组成一个有足够吸引力的商机做出判断。一些风险投资商、政府基金和创业大赛就是借用了该模型对创业项目进行评价。

蒂蒙斯创业机会评价模型表

行业与市场	市场容易识别，可以带来持续收入
	顾客可以接受产品或服务，愿意为此付费
	产品的附加价值高
	产品对市场的影响力高
	将要开发的产品生命长久
	现在所在的行业是新兴产业，竞争不激烈
	市场规模大，销售潜力为1000万~10亿美元
	市场成长率在30%~50%甚至更高
	现有厂商的生产能力几乎完全饱和
	在5年内能占据市场的领导地位
	拥有低成本的供货商，具有成本优势
经济因素	达到盈亏平衡点所需的时间在1.5~2年
	盈亏平衡点不会逐年提高
	投资回报率在25%以上
	项目对资金的要求不是很大，能够获得融资
	销售额的年增长率高于15%
	有良好的现金流量，能占到销售额的20%~30%

续表

经济因素	能获得持久的毛利，毛利率在40%以上
	能获得持久的税后利润，税后利润率要超过10%
	资产集中程度低
	运营资金不多，需求量是逐渐增加的
	研究开发工作对资金的要求不高
收获条件	项目带来的附加价值具有较高的战略意义
	存在现有的或可预料的退出方式
	资本市场环境有利，可以实现资本的流动
竞争优势	固定成本和可变成本低
	对成本、价格和销售的控制力较高
	已经获得或可以获得对专利所有权的保护
	竞争对手尚未觉醒，竞争较弱
	拥有专利或具有某种独占性
	拥有发展良好的网络关系，容易获得合同
	拥有杰出的关键人员和管理团队
管理团队	创业团队是一个优秀管理者的组合
	行业和技术经验达到了本行业业内的最高水平
	管理团队的正直廉洁程度能达到最高水准
	管理团队知道自己缺乏哪方面的知识
创业家的个人标准	个人目标与创业活动相符合
	创业家可以做到在有限的风险下实现成功
	创业家可以接受薪水减少等损失
	创业家渴望进行创业这种生活方式，而不只是为了挣大钱
	创业家可以承受适当的风险
	创业家在压力下状态依然良好

续表

理想与现实的战略性差异	理想与现实情况相吻合
	管理团队已经是最好的
	在客户服务管理方面有良好的理念
	创办的事业顺应时代潮流
	采取的技术具有突破性，不存在许多替代品或竞争对手
	具备灵活的适应能力，能够快速地进行取舍
	始终在寻找新的机会
	定价与市场领导者几乎持平
	能够获得销售渠道，或已经拥有现成的网络
	能够允许失败
致命缺陷	不存在任何致命缺陷

实训三　评价创业机会

【实训目标】

1. 熟悉评估创业机会的来源。
2. 分析创业机会的类型。
3. 掌握识别创业机会的方法。

【实训流程】

流程一　你认为在第四次工业革命阶段，在你的专业领域会涌现出哪些创业机会，请列出5项

1. _____
2. _____
3. _____
4. _____
5. _____

流程二　如果你选择创业，在上面的5项当中会选择哪个

_____

流程三 完成你选择作为项目的创业机会分析报告

小贴士

一般而言,有价值的创业机会具备以下特征。

1. 在前景市场中,前5年中的市场需求会稳步快速增长。
2. 创业者能够获得利用该机会所需的关键资源。
3. 创业者不会锁定在"刚性的创业路径"上,而是创业者可能创造新的市场需求。
4. 特定机会的商业风险是明朗的,且至少有部分创业者能够承受相应风险。

除上述特征外,还可以通过一些实例的对比,更深入地了解对于不同类型的企业,什么样的创业机会可以成为好的商业机会,如下表所示。

不同类型企业创业的几个实例对比

机会的特点	有利于谁	理由	例如
非常依赖于信誉	现存企业	人们更愿意从他们了解和信任的企业那里购买产品	奢侈品,如珠宝店
需要大量资金	现存企业	现存企业可以使用已有现金流来生产新产品或服务	芯片、医药、房地产
建立在独立创新的基础上	新企业	新企业能够独立开发并创新而不必复制现存企业的整个系统	互联网
利用能力破坏性创新	新企业	现存企业的经验、资产和流程受到威胁	奢侈品,如珠宝店
需要大量资金	新企业	现存企业可以使用已有现金流来生产新产品或服务	芯片、医药、房地产

实训四 创业情商小测试

【实训目标】

1. 正确认识自身的人际交往能力、情商水平。
2. 了解人脉资源的来源,以及拓展渠道。

【实训流程】

流程

现在,请静下心来,诚实地回答下面的测试题。一定要按照您真正可能会去做的回答，而不要试图用在学校里获取的做多项选择题的技巧去猜哪一个才是对的。

1. 坐飞机时，突然受到很大的震动，您开始随着机身左右摇摆。这时候，您会怎样做呢？　　　　　　　　　　　　　　　　　　　（　　）

  A. 继续读书或看杂志，或继续看电影，不太注意正在发生的骚乱

  B. 注意事态的变化，仔细听播音员的播音，并翻看紧急情况应对手册，以防万一

  C. A和B都有一点

  D. 不能确定——根本没注意到

2. 带一群4岁的孩子去公园玩，其中一个孩子由于别人都不和他玩而大哭起来。这个时候，您该怎么办呢？　　　　　　　　　　　　　（　　）

  A. 置身事外——让孩子自己处理

  B. 和这个孩子交谈，并帮助他想办法

  C. 轻轻地告诉他不要哭

  D. 想办法转移这个孩子的注意力，给他一些其他的东西玩

3. 您是一个大学生，想在某门课程上得优秀，但是在考试时只得了及格。这时候，您该怎么办呢？　　　　　　　　　　　　　　　　　（　　）

  A. 制订一个详细的学习计划，并决心按计划进行

  B. 决心以后好好学

  C. 告诉自己在这门课上考不好没什么大不了的，把精力集中在其他可能考得好的课程上

  D. 去拜访任课教授，试图让他给您高一点的分数

4. 假设您是一名保险推销员，去访问一些有希望成为您的顾客的人，可是一连十五个人都只是敷衍您，并不明确表态，您变得很失望。这时候，您会怎么做呢？　　　　　　　　　　　　　　　　　　　　　　　（　　）

  A. 认为这只不过是一天的遭遇而已，希望明天会有好运气

  B. 考虑一下自己是否适合做推销员

  C. 在下一次拜访时再做努力，保持勤勤恳恳工作的状态

  D. 考虑去争取其他的顾客

5. 您是一名经理，提倡在公司中不要搞种族歧视。一天，您偶然听到有人正在开有关种族歧视的玩笑。您会怎么办呢？　　　　　　　　（　　）

  A. 不理他——这只是一个玩笑而已

B. 把那人叫到办公室去，严厉斥责他一顿

C. 当场大声告诉他，这种玩笑是不恰当的，在您这里是不能容忍的

D. 建议开玩笑的人去参加一个有关反对种族歧视的培训班

6. 您的朋友在开车时，别人的车突然危险地抢到你们前面，您的朋友勃然大怒，而您试图让他平静下来。您会怎么做呢？ （　　）

A. 告诉他忘掉它吧——现在没事了，这不是什么大不了的事

B. 放一盘他喜欢听的磁带，转移他的注意力

C. 一起责骂那个司机，表示自己站在他那一边

D. 告诉他您也曾有同样的经历，当时您也一样气得发疯，可是后来您看到那个司机出了车祸，被送到医院急救室

7. 您和伴侣发生了争论，两人激烈地争吵，盛怒之下，互相进行人身攻击，虽然你们并不是真的想这样做。这时候，最好怎么办呢？ （　　）

A. 停止20分钟，然后继续争论

B. 停止争吵，保持沉默，不管对方说什么

C. 向对方说抱歉，并要求他（她）也向您道歉

D. 先停一会儿，整理一下自己的想法，然后尽可能清楚地阐明自己的立场

8. 您被分到一个单位当领导，想提出一些解决工作问题的好方法。这时候，您首先要做的是什么呢？ （　　）

A. 起草一个议事日程，以便充分利用和大家在一起讨论的时间

B. 给人们一定的时间相互了解

C. 让每个人说出如何解决问题的想法

D. 采用一种创造性地发表意见的形式，鼓励每个人说出此时进入他脑子里的任何想法，而不管该想法有多疯狂

9. 您3岁的儿子非常胆小，实际上，从他出生起就对陌生地方和陌生人有些神经过敏或者说有些恐惧。您该怎么办呢？ （　　）

A. 接受他具有害羞气质的事实，想办法让他避开感到不安的环境

B. 带他去看儿童精神科医生，寻求帮助

C. 有目的地让他一下子接触许多人，带他到各种陌生的地方，克服他的恐惧心理

D. 设计渐进的系列挑战性计划，每一项都相对容易应对，从而让他渐渐认识到自己能够应付陌生的人和适应陌生的地方

10. 多年以来，您一直想重学一种您在儿时学过的乐器，而现在只是为了娱乐，您又开始学了。您想最有效地利用时间。您该怎么做呢？（　　）

　　A. 每天坚持严格练习

　　B. 选择能稍微扩展能力的有针对性的曲子去练习

　　C. 只有当自己有情绪的时候才去练习

　　D. 选择远远超出您的能力，但通过努力能掌握技巧的乐曲

测试题答案及解释

1. 除了D的任何一个答案，选择答案D反映了您在面临压力时经常缺少警觉性。

A=20，B=20，C=20，D=0

2. B是最好的选择，情商高的父母善于利用孩子情绪状态不好的时机对孩子进行情绪教育，帮助孩子明白是什么使他们感到不安，他们正在感受的情绪状态是怎样的，以及他们能进行的选择。

A=0，B=20，C=0，D=0

3. A，自我激励的一个标志是能制订一个克服障碍和挫折的计划，并严格执行它。

A=20，B=0，C=0，D=0

4. C为最佳答案，情商高的一个标志是在面对挫折时，能把它看成一种可以从中学到东西的挑战，坚持下去，尝试新的方法，而不是放弃努力，怨天尤人，变得萎靡不振。

A=0，B=0，C=20，D=0

5. C，形成一种欢迎多样化气氛的最有效方法是公开挑明这一点，当有人违反时，明确告诉他您的组织规范不容许这种情况发生。不是力图改变这种偏见（这是一个更困难的任务），而是让人们遵照规范去行事。

A=0，B=0，C=20，D=0

6. D，有资料表明，当一个人处于愤怒状态时，使他平静下来的最有效办法是转移他愤怒的焦点，理解并认可他的感受，用一种不激怒他的方式让他看清现状，并给他以希望。

A=0，B=5，C=5，D=20

7. A，中断20分钟或更长的时间，这是使愤怒引起的生理状态平息下来的最短时间。否则，这种状态会歪曲您的理解力，使您更可能出口伤人。平静情绪后，你们的讨论才会更富有成效。

A=20，B=0，C=0，D=0

8. B，当一个组织的成员之间关系融洽、亲善，每个人都感到心情舒畅时，组织的工作效率才会最高。在这种情况下，人们才能自由地做出他们最大的贡献。

A=0，B=20，C=0，D=0

9. D，生来带有害羞气质的孩子，如果他们父母能安排一系列渐进的针对他们害羞的挑战，并且这种挑战是能逐个应付得了的，那么他们通常会变得喜欢外出起来。

A=0，B=5，C=0，D=20

10. B，给自己适度的挑战，最有可能激发自己最大的热情。这既能使您学得愉快，又能使您完成得最好。

A=0，B=20，C=0，D=0

请把10道题目的得分相加，就是您的总分，最高分数为200分，一般人的平均分为100分，如果您得了25分以下，最好另找个时间重测一下。

您的分数是_____

小贴士

提高情商的方法

第一，不抱怨、不批评。

高情商的人一般不批评别人，不指责别人，不抱怨别人。其实，这些抱怨和指责都是不良情绪，它们会传染。高情商的人只会做有意义的事情，而不做没有意义的事情。

第二，热情和激情。

高情商的人对生活、工作或是感情保持热情，有激情。知道调动自己的积极情绪，让好的情绪伴随每天的生活、工作，不让那些不良情绪影响到生活或工作。

第三，包容和宽容。

高情商的人宽容，心胸宽广，心有多大，眼界有多大，你的舞台就有多大。高情商的人不斤斤计较，有一颗包容和宽容的心。

第四，沟通与交流。

高情商的人善于沟通，善于交流，并且以坦诚的心态来对待人与事，真诚又有礼貌。沟通与交流是一种技巧，需要学习，在实践中不断地总结摸索。

第五，多赞美别人。

高情商的人善于赞美别人，这种赞美发自内心的真诚。只有看到别人优点的人，才会进步得更快，总是挑拣别人缺点的人会故步自封反而退步。

第六，保持好心情。

高情商的人每天保持好心情。早上起来，他们会送给自己一个微笑，并鼓励自己是最棒的，并且周围的朋友们都很喜欢自己。

第七，善于聆听。

高情商的人善于聆听，聆听别人说话，仔细听别人说什么，多听多看，而不是自己滔滔不绝。聆听是尊重他人的表现，聆听是更好沟通的前提，聆听是人与人之间最好的一种沟通。

第八，有责任心。

高情商的人敢做敢承担，不推卸责任，遇到问题，分析问题，解决问题。正视自己的优点或不足，做敢于担当的人。

第九，每天进步一点点。

高情商的人每天进步一点点，说到做到，立刻就开始行动。不是光说不做，行动力是成功的保证。每天进步一点点，朋友也更加愿意帮助这样的人。

第十，记住别人的名字。

高情商的人善于记住别人的名字，只要用心去做，就能记住。记住了别人的名字，别人也会更加愿意亲近你，和你做朋友，你就会有越来越多的朋友，有好的朋友圈子。

实训五　大学生创业资源盘点

【实训目标】

1. 懂得识别创业资源。
2. 懂得积累创业资源以及将其整合成新的创业资源。

【实训流程】

流程一　分析身边适合创业的资源有哪些

流程二　通过归纳和整理，列出资源积累条目

流程三　分组讨论是否符合实际且可以实施，并形成总结报告

小贴士

创业资源是指新创企业在创造价值过程中所需要的特定资源的总称，涵盖使创业者创业活动顺利进行的一切支持性资源。对创业者来说，只要是对其创业项目和创业企业的发展有用的要素，就可以归入创业资源的范畴。创业者既要积累个人的资源，创造有利于创业的良好条件，也要善于创造性地整合社会资源。大学生创业资源盘点如下。

（一）创业者的内部资源

创业者刚开始拥有的内部资源主要是创业者自身的知识技术资源及所占有的生产资料等，也就是个人所拥有的有形资产及无形资产。拥有一份良好的内部资源，对创业者来说无疑是重要的。创业者的内部资源主要包括以下6个方面：

1. 现金资产；
2. 房产和交通工具；
3. 技术专长；
4. 信用资源；
5. 商业经验；
6. 家族资源。

（二）创业者的职业资源

（三）创业者的人脉资源

模块十二　商业模式分析

商业模式是一个企业满足消费者需求的系统，这个系统组织管理企业的各种资源（包括资金、原材料、人力资源、作业方式、销售方式、信息、品牌和知识产权、企业所处的环境、创新力，又称"输入变量"），形成能够提供消费者无法自力而必须购买的产品和服务（又称"输出变量"），因而具有自己能复制但不被别人复制的特性。

实训一　分析典型企业的商业模式

【实训目标】

1. 认识商业模式的概念。

2. 理性分析不同商业模式的优缺点。
3. 选择并设计适合个人的商业模式。

【实训流程】

流程一　案例分析——星巴克的商业模式

卖咖啡豆的小店

几十年来，美国培养了一大批"咖啡迷"，像星巴克这样的咖啡馆使美国人懂得了享受咖啡的乐趣，星巴克对这一消费群体的形成起到了重要作用。1971年4月，第一家星巴克开张的时候，美国经济已经从20世纪60年代的巅峰走向衰退，咖啡的销量也已经下滑，咖啡的消费人群不断减少。但星巴克依然坚持开发咖啡消费市场，并在以后的几十年获得了巨大成功。

你也许想不到星巴克刚刚诞生的时候，只是一家卖咖啡豆的小店铺，而且它的3位创始人都不是正儿八经的生意人：鲍德温当过英文教师，波克尔是位作家，西格尔则是位历史教师。之所以要开咖啡店，是因为三人都是优质咖啡的爱好者，由于经常光顾旧金山的一家咖啡店，三人与老板彼特很熟，而彼特对挑选咖啡、烘制咖啡豆及煮咖啡都有独到研究，三人经常泡在彼特的店里取经。1971年，他们每人出资1350美元，又向银行贷了5000美元，合资开了第一家咖啡店，志在传播咖啡文化，取名"starbucks"（中文译作"星巴克"）。星巴克咖啡很受欢迎，在随后的10年中，三人在西雅图地区陆续开设了4家分店。

咖啡体验比咖啡豆更重要

如果只是经销咖啡豆，星巴克很可能到现在还蜗居于西雅图，淹没在成千上万的小零售店中。但是，一个人的到来改变了它的命运，他就是1982年加入星巴克的舒尔茨。

舒尔茨原是瑞典一家家用器具制造公司美国分公司的副总裁。1981年，舒尔茨发现西雅图有家星巴克咖啡店从他们公司订购了很多滴泡式咖啡壶，而且订购数量比西雅图当地的知名百货公司还多。舒尔茨觉得事出有因，便千里迢迢地从纽约赶到了西雅图，试图一探究竟。到了西雅图星巴克，喝下第一杯星巴克咖啡之后，舒尔茨惊讶不已。"最初的星巴克咖啡店是一个很普通的地方，但很有特色。门打开的一瞬间，一股令人陶醉的咖啡芳香扑鼻而来，把我拉了进去。我进到里面，看到的就像是一座咖啡崇拜的庙宇。喝到第三口，我便被吸引住了。我感觉好像发现了一个新大陆。"

舒尔茨当下就决定放弃一切，投入星巴克，让美国人告别喝劣质咖啡的时代，迎接如同上帝所调配的星巴克烘焙咖啡时代！舒尔茨回到纽约之后，马上辞去了高薪的工作，在亲朋好友的质疑声中，跳槽到星巴克去当运营和市场总监。

舒尔茨就任新职之初，几乎把所有时间都花在西雅图的4家星巴克店里，站柜台、尝咖啡，与顾客交谈，体会咖啡店个性，学习咖啡零售知识。

1983年，舒尔茨到意大利米兰出差。在那里，他发现咖啡店服务员在为顾客服务时几乎能叫出每位顾客的名字。顾客站在柜台前同服务员亲切交谈，蓝领与白领不分你我。这里俨然成了当地社区的聚会场所。舒尔茨意识到西雅图的星巴克也应该是这样的。

从米兰回来之后，舒尔茨以为自己取到了咖啡文化的真经，兴高采烈地向几位创始人讲述新经营思路，却遭到了鲍德温与波克尔的强烈反对。他们坚持认为，星巴克是咖啡豆零售店，不是餐饮店，也不会变成咖啡吧。在意大利可以盈利的经营模式，在美国未必行得通。

经过了两年的不停争论，一直想卖咖啡的舒尔茨终于跟只愿卖咖啡豆的星巴克分道扬镳。这时，星巴克的元老不仅没有拖他后腿，还大力相助。鲍德温同意舒尔茨在新店开张之前"停薪留职"，并给他投资15万美元。波克尔则答应给他做6个月兼职顾问。舒尔茨筹集了125万美元，连同朋友融得的25万美元风险资金，开设了他的第一家咖啡厅——"每日咖啡厅"。两年后，他已经有了3家分店，但这样的规模离他的预期还有很大差距。就在这时，曾经的东家"星巴克"向他流露出了微笑。

真正的星巴克咖啡

1987年3月，舒尔茨突然收到消息，鲍德温和波克尔要卖掉星巴克，包括店面、烘制设备及品牌。原因是波克尔想搞自己的其他公司，鲍德温厌倦了在西雅图与旧金山之间无休止地奔波。舒尔茨马上说服董事会，并请财务制订详细的并购计划。但是，收购需要380万美元，而全部改造成咖啡吧，需要更多的资金。这成了舒尔茨一生当中最大的一次赌注。5个月后，收购完成。舒尔茨将自己所有的咖啡厅都改名为"星巴克咖啡厅"，自己出任董事长。舒尔茨最终是要带星巴克走出西雅图的，但是，他追求的不是走得快，而是走得稳。因为没有好的管理人员，质量无法保证，品牌就会发生危机，此乃扩张之大忌。

他先要保证的是星巴克的优质服务，而这种服务体现在星巴克咖啡厅的每一处细节上。星巴克的小提琴独奏、三色咖啡壶的陈列、咖啡的香浓、服务员的热情以及店主的好客，在这些细节上，到处都彰显着星巴克的个性。除了对咖啡豆的精挑细选、对烘制工艺的精益求精，每件商品的陈列、每种颜色的选择都要经过专门设计，与标语、音乐、香味都要风格一致，并全部用于营造咖啡文化的浪漫。

不少咖啡吧里还开设了专门的艺术咖啡区，展示各个时代的咖啡文化与艺术。让人们现场真实地感受咖啡的烘制，并进行品评。星巴克还开设特殊座位区，供客户会友聊天、欣赏音乐。星巴克的目的，就是把咖啡厅变成家和办公室之外的"第三生活空间"。正是基于这些细致入微的服务，星巴克得到了很大的发展。

从1987年到1992年，5年间星巴克开设了161家连锁经营店。这样的速度甚至超过了初期的麦当劳。1992年6月，星巴克在纳斯达克正式挂牌上市。到1996年的时候，星巴克已经在美国开设1000多家分店，同年，开始向海外扩张。

企业员工才是上帝

星巴克为什么能获得今天这样大的成功，以至于1994年美国总统克林顿都把舒尔茨请到白宫，向他讨教。因为，星巴克在处理和员工的关系方面，做得太棒了。在星巴克，没有"员工"，只有"伙伴"。舒尔茨给予伙伴的不仅是尊重，还有实惠。本来用于广告支出的费用改用于员工的福利和培训。舒尔茨还说服董事会，将全部福利制度扩展到每周工作超过20小时的兼职员工。

1988年，在发现员工吉姆患艾滋病之后，舒尔茨不仅热烈拥抱以示安慰，并保留了他的工作，还在吉姆因不能工作离开星巴克之后，报销了他长达29个月的治疗费用。舒尔茨不仅建立了完善的员工福利制度，还借鉴高科技行业的做法，给员工发放股票期权。这在餐饮服务业是绝无仅有的，这些期权的价值平均每两年翻一番。星巴克多次入选《财富》"最适合工作的公司"，每年员工流动率只有60%~65%，而美国同行业流动率高达150%~400%。在公司道德排行榜上，星巴克多年稳居前列。把员工当作伙伴的策略为星巴克培养出了忠诚的员工，他们也就服务出了高度忠诚的客户。

经过多年的经营，星巴克早已今非昔比。

商业模式分析

（1）星巴克的企业定位是：

_____

（2）星巴克主要的客户群体是：

_____

(3) 星巴克的销售渠道是：
_____

(4) 星巴克的核心资源是：
_____

(5) 星巴克的关键业务及特点是：
_____

(6) 星巴克的盈利模式是：
_____

(7) 星巴克做大的原因是：
_____

(8) 星巴克的品牌价值是：
_____

流程二 案例分析——北京小米科技有限责任公司（以下简称"小米"）的商业模式

小米成立于2010年。公司从成立之初，因为小米创始人雷军独特的营销方式、新颖的运营方式和几何式增长的销售量，便受到了业界的强烈关注。小米公布的资料显示，2012年小米手机出货量719万台。小米一跃成为第二大国产手机品牌。

根据雷军之前在亚马逊、凡客诚品和魅族手机的经历，他认为小米手机可以采用电商和"轻模式"相结合的模式。

小米手机商业模式有3个关键因素——产品开发、运营模式和营销方式。

(1) 产品开发，主要涉及"设计团队"和"生产外包"。
(2) 运营模式，采用B2C电商和"轻资产"运营模式。
(3) 营销方式，采用网络营销的方式。

一、产品开发

智能手机产品开发有3个关键环节——市场定位、生态圈建设和生产制造。

（一）市场定位

传统手机厂商定位或高端，或中、低端。市场存在空白——"低价高配"的高性价比手机。

小米以"为发烧友而生"为开发理念：硬件上，元器件供应商几乎都是手机行业前3名的行业巨头，如屏幕采用LG和夏普的IPS屏；价格上，以1999元为定位区间，巧妙地定位在1999元这一"蓝海"区间；外观上，采用简洁的设计，在美观和成本之间保持一种均衡。

总之，这就是小米手机的开发理念——1999元的价格+顶级的硬件配置+过得去的外观。久而久之，给用户留下了"配置最好、价格很低"的印象。

（二）生态圈建设

近几年，国产手机厂商刚刚开始拼价格、拼硬件；小米手机在此基础上，建设自己的软件生态圈，提高小米手机的附加值。

一般而言，小米的"生态圈"涉及3个方面——手机系统MIUI、App应用商店和BBS社区互动。

手机系统MIUI：负责开发MIUI的黎万强和黄江吉，负责修改Android源代码，进行深度美工、编码，既保证MIUI与Android软件兼容，又让MIUI更人性化，符合国人的习惯。

App应用商店：负责App商店的黎万强和黄江吉，将小米应用商店的网站（小米应用）嵌入其中，同时增加"小米主题"功能，供用户选择不同的手机主题。

BBS社区互动：为了增加用户的黏性和参与程度，小米推出了小米论坛。在论坛上，用户可以交流手机的使用经验、手机美工和各种其他问题。

（三）生产制造

小米的生产制造采用"自主设计、加工外包"的方式。

设计环节：林德（北京科技大学工业设计系原主任）负责手机的工业设计，包括手机的外观和结构。

加工环节：周光亚（摩托罗拉北京研发中心原总监）负责硬件的采购、生产线的设计和代工企业的筛选。早期，委托英华达代工，实现"弱弱合作"的双赢；后期，同时委托英华达和富士康代工。

二、运营模式

（一）传统品牌和小米手机的对比

传统的手机厂商需要建设庞大的实体渠道，例如，经销商和门店等；小米则在借鉴了国外"轻模式"的基础上，使用B2C电商直销的模式。

（二）小米手机运营模式的特色

与传统手机厂商相比，小米手机的运营模式有自己的特点。

第一，采用B2C的电子商务模式，大大缩减了中间渠道，压低了最终的零售价。

第二，用户先付款，后交货，实行JIT（无库存生产方式）制造。由于现在手机供应链十分成熟，代工厂能在几天内采购配件、组装生产、封装、交货,这允许小米先收款后生产发货,缓解了资金压力。

第三,共用凡客诚品的物流和仓储,节约物流和仓储成本。

第四,组建最出色的互联网营销团队,深深扎根于互联网。

三、营销方式

小米手机的营销方式结合了"饥饿营销"和网络营销。

（一）饥饿营销

小米是第一个尝试"饥饿营销"的手机品牌:事前,用宣传激发起顾客的购买欲望;同时,限时间、限数量地提供商品,供顾客"抢购",提高其知名度。

（二）网络营销

在广告投放上,小米把互联网广告投放的数量、支出与广告的收益挂钩,综合使用CPA（每次订单费用）、CPC（每次点击费用）、CPS（按销售付费）和CPM（千人成本）模式。

商业模式分析

小米的企业定位是:
_____

小米主要的客户群体是:
_____

小米的销售渠道是:
_____

小米的核心资源是:
_____

小米的关键业务及特点是:
_____

小米的盈利模式是:
_____

小米做大的原因是:
_____

小米的品牌价值是:
_____

流程三 案例分析——芭比娃娃

芭比娃娃是20世纪最广为人知及最畅销的玩偶,由露丝·汉德勒发明。芭比玩偶由美泰公司拥有及生产，现在在世界上150多个国家销售，总销售额超过10亿美元。

半个世纪以来，露丝创造的芭比娃娃已经成为全世界小女孩的心爱之物。随着这个大眼睛、长头发的玩具娃娃的畅销，今天的芭比娃娃已经不仅是一个玩具，她还是美国女性的一个象征，是美国文化的一个象征，正如遍布全球的麦当劳、肯德基一样。作为创造这个品牌的露丝，她用自己一生的努力，给了全球的女性以梦想和希望。

芭比娃娃作为经历了50年仍然热度不减的时尚品牌，至今在全球保持一秒钟卖出3个的纪录，仍然没有同类玩具产品能与之竞争。甚至有统计显示，芭比娃娃的数量比美国人口还要多。那么，是什么样的营销经验使得芭比娃娃有如此的成就呢？

（一）时尚创新的营销

犹太人常说只做与女人和小孩儿有关的生意，因为把握好女人和小孩儿的心理便能够获得超高的附加值。露丝同样只盯着女人和孩子的口袋。芭比娃娃从诞生之初，露丝就致力于将她打造成追求完美与时尚的女性代言人的形象，以美来俘获消费者的芳心。除了魔鬼的身材，还有阿玛尼、Prada等设计师为她设计高品位的服装。她的衣橱是女人和孩子的梦想。

芭比时尚编辑葛伦曾说过，许多女性购买芭比是因为她们无法变成芭比，她们由打扮完美的芭比实现自己渴望变得美丽，并且受欢迎等一切梦想。而且，芭比一直不断地改进和创新，她的外形经历了500次以上的修正与改良才成为今日的样子。为了让芭比有漂亮的时装，从1995年至今，有10亿件以上的衣服生产出来，每年有100多款新装推出。

芭比是玩偶设计业诞生的第一个"活生生"的女人，她的成人化设计打开了小女孩的视野。她们可以通过芭比感知到幼儿园以外的世界，与成人一样体验正常人生活的各个层面。从海滩女郎到政治家，在保守的20世纪50年代，芭比留着一头金色的波浪卷发，当好莱坞崛起，明星的魅力凸显，芭比娃娃摇身一变，幻化成各路女星。在鼓励女人上班的20世纪60年代，芭比穿上了行政套装，挎起了公文包。在体育赛事日益风靡的20世纪70年代，芭比拥有了可弯曲的手腕、肘，并且有了脚关节，开始穿着运动装，参加体操、马术比赛。当人类登上月球的时候，芭比穿上了太空服。进入网络时代，芭比娃娃也开始给朋友发邮件。到了女人不再以结婚为目的的21世纪，她干脆把相恋多年的男友给甩了。

（二）与时俱进的联合双赢的金字塔模式

芭比娃娃的促销活动总是与时俱进，紧跟社会热点，如麦当劳芭比、哈利·波特芭比、Burberry（博柏利）芭比。很多时尚品牌在进行推广时，最先想到的都是与芭比娃娃联手。这也让芭比的母公司美泰公司节约了大量开发新产品的费用。

20世纪60年代是芭比娃娃开拓国际市场的阶段。为了应对竞争对手的强势势头，芭比变换着自己的应对策略。比如，最经典的是金字塔模式，为了满足不同客户对产品、颜色等方面的偏好，以及个人收入上的差异化因素，从而达到客户群和市场拥有量的最大化，企业不断推出高、中、低各个档次的产品，从而形成产品金字塔。在塔的底部是低价位、大批量的产品，靠薄利多销赚取利润；在塔的顶部是高价位、小批量的产品，靠精益求精获得超额利润。

其实，很多芭比购买者会抱怨仅仅购买一个芭比娃娃花不了多少钱，但是如果要按包装上的提示将芭比娃娃各种小配饰购买全，就不得不花比买芭比娃娃多出好几倍的钱。甚至芭比娃娃一个小化妆盒都比娃娃本身价值高。这是因为金字塔模式的实战效应。芭比娃娃经常要面对各种各样的模仿者，面对低价产品冲击。

比如，刚刚推出一个20美元的芭比娃娃，马上就会有15美元的仿制品。为了彻底扭转被动的局面，芭比提交了一个新方案，建立一道产品防火墙。该公司史无前例地推出了一个价格仅10美元的芭比娃娃，这样的价格几乎立即吸引了众多女孩子的目光，让她们纷纷走进公司设立的各个店面，这对模仿者来说是致命的，市场上的仿制品很快消失了。与此同时，公司陆续收到来自全国各地的捷报。那些一开始仅仅购买10美元芭比娃娃的女孩子会继续购买其他辅助性的玩具设备，以及其他类型的玩具，这一措施使美泰公司从这些辅助设备和玩具中获利丰厚。

此外，芭比的金字塔模式还在重新寻找其他获利的商品。比如经过分析，公司看准了价值100~200美元的芭比娃娃，她们的客户不再是那些小女孩，而是小女孩的妈妈。这些妈妈在20年或30年前，就是玩着芭比娃娃长大的，她们会怀着无比愉悦的心情记住这些芭比娃娃。而现在她们拥有了自己可以支配的金钱，这些妈妈都会给自己买精心设计的芭比娃娃——精良的做工、独特的设计，唤起自己对过去美好年华的回忆。

（三）欲擒故纵的多元化营销方式与品牌价值

芭比初上市只是每个售价10美元95美分，这个价格在美国玩具市场上只能算是低端产品。因此，芭比常常被父母当作满足孩子的小礼物，但买了芭比，父母很快发现这个会换衣服的芭比会吃美金。由于攀比心理作祟，孩子会不断地要求父母花数十美元去添置新款的芭比套装。在满足孩子一次又一次的要求之后，他们发现钱少得很快，之后花的钱可能是最初购置芭比的数十倍了。

芭比的影响力不仅局限于玩具业，还有周边，如电影、数码、文具、服装等产业。2001年开始，以芭比为主角的电影年均3部，最经典的有《芭比与胡桃夹子的梦幻之旅》《芭比之长发公主》《芭比之天鹅湖》等。

（四）差异化营销，入乡随俗

作为跨国企业，芭比同样面临本土化。于是，芭比开始改变自己的形象，根据不同国家、不同民族的生活习惯和不同的地域文化，又推出了黑人芭比、拉丁芭比、中国芭比等。同时，他们为她配置了极具本土风情的房子、家具等，使芭比娃娃荣获全球通行证，从美国出发走进150多个国家，数亿个家庭。

（五）公益营销：国际品牌的国际职责

品牌如人，具有品格。作为国际化芭比，她利用虚拟人物的优点站到了国际责任的高度，50年来一直进行着一系列对全世界有益的活动。为促进世界和平，芭比娃娃担当联合国儿童基金会的亲善大使，并在1990年主持召开了自己的峰会。为唤起人们对残疾人的关爱，还推出了轮椅上的芭比，以关心人的生存发展、社会进步为出发点。芭比用公益活动与消费者沟通，将品牌的营销活动凭借公益事业的知名度和权威性进行一系列传播与扩散。在产生公益效益的同时，使消费者对芭比的产品和服务产生偏好，在全球创造了数以亿计的忠诚消费者。

商业模式分析

芭比娃娃的企业定位是：
_____

芭比娃娃主要的客户群体是：
_____

芭比娃娃的销售渠道是：
_____

芭比娃娃的核心资源是：
_____

芭比娃娃的关键业务及特点是:
_____

芭比娃娃的盈利模式是:
_____

芭比娃娃做大的原因是:
_____

芭比娃娃的品牌价值是:
_____

芭比娃娃的产品定位是:
_____

芭比娃娃推广的文化是:
_____

小贴士

商业模式包含10个要素的参考模型

1. 价值主张：公司通过其产品和服务向消费者提供的价值。价值主张确认了公司对消费者的实用意义。
2. 消费者目标群体：公司所瞄准的消费者群体。这些群体具有某些共性，从而能够使公司针对这些共性创造价值。定义消费者群体的过程也被称为"市场划分"。
3. 分销渠道：公司用来接触消费者的各种途径。这里阐述了公司如何开拓市场。它涉及公司的市场和分销策略。
4. 客户关系：公司同其消费者群体之间建立的联系。我们所说的客户关系管理即与此相关。
5. 价值配置：资源和活动的配置。
6. 核心能力：公司执行其商业模式所需的能力和资格。
7. 价值链：为了向客户提供产品和服务的价值，相互之间具有关联性的支持性活动。
8. 成本结构：所使用的工具和方法的货币描述。
9. 收入模型：公司通过各种收入流创造财富的途径。
10. 裂变模式：BNC模式，公司商业模式转变的方式、转变的方向。

成功的商业模式具有以下3个特征。

第一，成功的商业模式要能提供独特的价值。有时候这个独特的价值可能是新的思想；而更多的时候，它往往是产品和服务独特性的组合。这种组合要么能向客户提供额外的价值，要么能使客户用更低的价格获得同样的利益，或者用同样的价格获得更多的利益。

第二,成功的商业模式是难以模仿的。企业通过确立自己的与众不同,如对客户的悉心照顾、无与伦比的实施能力等,提高行业的进入门槛,从而保证利润来源不受侵犯。比如,直销模式(仅凭"直销"一点,还不能称为一个商业模式),人人都知道其如何运作,也都知道戴尔公司是直销的标杆,但很难复制戴尔的模式,原因在于"直销"的背后,是一套完整的、极难复制的资源和生产流程。

第三,成功的商业模式是脚踏实地的。企业要做到量入为出、收支平衡。这个看似不言而喻的道理,要想日复一日、年复一年地做到,却并不容易。现实当中的很多企业,不管是传统企业还是新型企业,对自己的钱从何处赚来,为什么客户看中自己企业的产品和服务,乃至有多少客户实际上不能为企业带来利润,反而在侵蚀企业的收入等关键问题,都不甚了解。

实训二 "互联网+"背景下的典型商业模式案例汇编

【实训目标】

1. 了解"互联网+"背景下的典型商业模式特点,学会分析、对比优势、劣势。

2. 学会收集、整理资料,结合生活、学习实际,初步设计适合大学生创业的商业模式。

【实训流程】

流程一 分析典型商业模式的特点、优势、劣势

典型商业模式的特点、优势、劣势

典型商业模式	特点	优势	劣势
工具+社群+电商			
长尾型商业模式			
跨界商业模式			
O2O商业模式			
免费商业模式			
平台商业模式			

流程二 查找上述典型商业模式的案例

典型商业模式的案例

典型商业模式	案例名称	借鉴意义
工具+社群+电商		
长尾型商业模式		
跨界商业模式		
O2O商业模式		
免费商业模式		
平台商业模式		

流程三 制作并汇报上述材料

讨论出汇报提纲，撰写汇报的演讲稿，安排专人进行汇报，汇报后听取同学建议并进行改进，PPT可以从"是什么""怎么看""为什么""怎么做"4个步骤来设计制作。

你的汇报案例是什么？

_____

你怎么看这些案例？

_____

你为什么这么认为？

_____

结合这个案例对你的启发，谈谈自己要怎么做。

_____

小贴士

典型商业模式类型

1. 工具+社群+电商

社群的未来会是怎样的形态，目前来看，谁也不知道，都处于摸索阶段。那么，为什么社群媒体可以成为商业模式？

经过几年的泛社群现象，社群借助微信在2015年进入爆发之势。人人建群，群群为社，社群成了社交达人的必备工具。大规模的泛社群出现后，让本就碎片化的信息更加碎片，加之信息内容的同质化，让用户的信息获取成本变高，使得大家对社群嗤之以鼻。再加上目前社群运营者的专业度匮乏等多方面因素，让社群本身价值无法体现，以至于很多社群都是废群。网上也有很多关于社群生命周期的报道，一般社群存活率非常低，生命周期非常短。

2. 长尾型商业模式

长尾型商业模式在于少量、多品种地销售自己的产品：致力于提供相当多种类的小众产品，而其中的每一种卖出量相对很少。将这些小众产品的销售汇总，所得收入可以像传统模式销售一样可观，它不同于传统模式，以销售少数的明星产品负担起绝大部分的收益。长尾型商业模式要求低库存成本以及强大的平台，以保证小众商品能够及时被感兴趣的买家获得。亚马逊图书销售、淘宝等都是较典型地运用了长尾型商业模式。

3. 跨界商业模式

跨界商业模式在现在是很常见的一种模式，它的特点是将两个原本不相干的元素相互融合起来，获得受众群的认知感。跨界商业模式将颠覆一个传统行业的模式，利用高效率整合低效率，对不相干的元素资源进行整合，从而提高整体系统效率。马云、马化腾涉足金融业；娃哈哈跨界进入白酒业；小米做了手机，做了电视，做了农业。这都是跨界商业模式的表现。

4. 免费商业模式

在免费商业模式中，至少有一个关键的客群是可持续免费地享受服务的。新的模式使得免费提供服务成为可能。不付费的客户所得到的财务支持来自商业模式中另一个客户群体。免费商业模式在运用过程中又分为多种形式，较为常见的有以下三种：免费广告多边平台商业模式、免费增值商业模式、诱饵&陷阱商业模式。

5. O2O商业模式

O2O是Online To Offline的英文简称。O2O狭义上理解就是线上交易、线下体验消费的商务模式，主要包括两种场景：一是线上到线下，用户在线上购买或预订服务，再到线下商户实地享受服务，目前这种类型比较多；二是线下到线上，用户通过线下实体店体验并选好商品，然后通过线上下单购买商品。广义的O2O就是将互联网思维与传统产业相融合，未来O2O的发展将突破线上和线下的界限，实现线上线下、虚实之间的深度融合，其模式的核心是基于平等、开放、互动、迭代、共享等互联网思维，利用高效率、低成本的互联网信息技术，改造传统产业链中的低效率环节。

6. 平台商业模式

互联网的世界是无边界的，市场是全国乃至全球的。平台商业模式的核心是打造足够大的平台，产品更为多元化和多样化，更加重视用户体验和产品的闭环设计。张瑞敏对平台型企业的理解就是利用互联网平台，企业可以放大，原因有以下几点：第一，这个平台是开放的，可以整合全球的各种资源；第二，这个平台可以让所有用户参与进来，实现企业和用户之间的零距离沟通。

实训三 商业模式画布

【实训目标】

1. 了解什么是商业模式画布。
2. 如何利用商业模式画布确定自己的商业模式。

【实训流程】

流程一 什么是商业模式画布

商业模式画布是会议和头脑风暴的工具，它通常由一面大黑板或干脆一面墙来呈现。这块板子按照一定的顺序被分成9个方格，方格的内容如下。

重要伙伴	关键业务	价值主张	客户关系	客户细分
	核心资源		渠道通路	
成本结构			收入来源	

流程二 按照上述模板，把你的创业项目的每项内容填到画布中

1. 客户细分——你的目标用户群，一个或多个集合。

_____

2. 价值主张——客户需要的产品或服务，以及商业上的痛点。

_____

3. 渠道通路——你和客户如何产生联系，不管是你找到他们还是他们找到你，如实体店、网店、中介。

_____

4. 客户关系——客户接触到你的产品后，你们之间应建立怎样的关系，是一锤子买卖还是长期合作？

_____

5. 收入来源——你将怎样从你提供的价值中取得收益？
_____

6. 核心资源——为了提供并销售这些价值，你必须拥有的资源，如资金、技术、人才。
_____

7. 关键业务——商业运作中必须从事的具体业务。
_____

8. 重要伙伴——哪些人或机构可以给予战略支持？
_____

9. 成本结构——你需要在哪些项目上付出成本？
_____

实训四　创业风险评估调研

创业风险是指在企业创业过程中存在的风险，例如，创业环境的不确定性，创业机会与创业企业的复杂性，创业者、创业团队和创业投资者的能力与实力的有限性，都会导致创业活动偏离预期目标。

【实训目标】

1. 了解创业风险评估的重要性、内容、方法。
2. 树立创业风险的评估意识。

【实训流程】

流程一　访谈成功创业大学生对风险评估的看法

1. 确定访谈对象。
_____

2. 准备访谈提纲。
_____

3. 确定访谈方式，如QQ、微信、电话、邮件、面谈等。
_____

4. 做好访谈记录。
_____

5. 总结访谈对象遇到过哪些风险。

流程二　分析访谈对象遇到的风险，他的这些风险与小贴士中的哪个风险类型相吻合

小贴士

大学生创业通常会遇到哪些风险

风险一：项目选择

大学生创业时，如果缺乏前期市场调研和论证，只是凭自己的兴趣和想象来决定投资方向，甚至仅凭一时心血来潮做决定，一定会碰得头破血流。大学生创业者在创业初期一定要做好市场调研，在了解市场的基础上创业。一般来说，大学生创业者资金实力较弱，可以选择启动资金不多、人手配备要求不高的项目，从小本经营做起，比较适宜。

风险二：缺乏创业技能

很多大学生创业者眼高手低，当创业计划转变为实际操作时，才发现自己根本不具备解决问题的能力，这样的创业无异于纸上谈兵。一方面，大学生应去企业打工或实习，积累相关的管理和营销经验；另一方面，大学生应积极参加创业培训，积累创业知识，接受专业指导，提高创业成功率。

风险三：资金风险

资金风险在创业初期会一直伴随在创业者的左右。是否有足够资金创办企业是创业者遇到的第一个问题。企业创办起来后，就必须考虑是否有足够资金支持企业的日常运作。对初创企业来说，如果连续几个月入不敷出或者由其他原因导致企业的现金流中断，都会给企业带来极大的威胁。

风险四：社会资源贫乏

企业创建、市场开拓、产品推介等工作都需要调动社会资源，大学生在这方面会感到非常吃力，所以平时应多参加各种社会实践活动，扩大自己人际交往的范围。创业前，可以先到相关行业领域工作一段时间，通过这个平台，为自己日后的创业积累人脉。

风险五：管理风险

一些大学生创业者虽然技术出类拔萃，但理财、营销、沟通、管理方面的能力普遍不足。

创业失败者，基本上管理方面都会出问题，其中包括决策随意、信息不通、理念不清、患得患失、用人不当、忽视创新、急功近利、盲目跟风、意志薄弱等，特别是大学生知识单一、经验不足、资金实力和心理素质明显偏弱，更会增加在管理上的风险。

风险六：竞争风险

寻找蓝海是创业的良好开端，但并非所有的新创企业都能找到蓝海。更何况，蓝海也只是暂时的，所以，竞争是必然的。如何面对竞争是每个企业都要随时考虑的事，而对新创企业更是如此。因此，考虑好如何应对来自同行的残酷竞争是创业企业生存的必要准备。

风险七：团队分歧

现代企业越来越重视团队的力量。创业企业在诞生或成长过程中最主要的力量来源一般都是创业团队，一个优秀的创业团队能使创业企业迅速地发展起来。但是，风险也蕴含在其中，团队的力量越大，产生的风险也就越大。一旦创业团队的核心成员在某些问题上产生分歧，不能达到统一时，极有可能就会对企业造成强烈的冲击。

风险八：核心竞争力缺乏的风险

对具有长远发展目标的创业者来说，他们的目标是不断地发展壮大企业。因此，企业不具有自己的核心竞争力就是最主要的风险。一个依赖别人的产品或市场来打天下的企业是永远不会成长为优秀企业的。

风险九：人力资源流失风险

一些研发、生产或经营性企业需要面向市场，大量高素质专业人才或业务队伍是这类企业成长的重要基础。防止专业人才及业务骨干流失应当是创业者时刻注意的问题，在那些依靠某种技术或专利创业的企业中，拥有或掌握这一关键技术的业务骨干的流失是创业失败的最主要风险源。

风险十：意识上的风险

意识上的风险是创业团队最内在的风险。这种风险虽然无形，却有强大的毁灭力。风险性较大的意识有：投机的心态、侥幸心理、试试看的心态，以及过分依赖他人、回本的心理等。

提醒：大学生在创业过程中遇到的阻碍并非仅此十点。在企业发展过程中，随时都可能有灭顶之灾的风险。保持积极的心态，多学习，多汲取优秀经验，结合大学生既有的特长优势，我们相信，大学生创业的步伐，会越走越远，越走越稳。

实训五　对自己的项目进行风险评估

【实训目标】

1. 通过本节实训，让学生对创业风险有一个比较详细的了解和判断。

2. 对自己的项目进行一个相对准确的风险评估，尽可能地规避一些风险因素。

【实训流程】

流程一 分析自己的项目在运作的不同阶段都会遇到哪些风险

1. 团队组建阶段：

   _____

2. 项目研发阶段：

   _____

3. 项目运营阶段：

   _____

流程二 遇到上述风险，你会如何解决

_____

小贴士

创业风险解决途径

一、创业环境风险

创业环境对创业者的创业有十分重要的影响。创业者必须在创业前对创业环境进行详细分析，对由环境带来的创业风险进行有效管理。首先，创业者应对当地的人口、政策法规环境、社会舆论及市场经济发展状况等进行调查。其次，创业者应对当地的行业环境以及微观环境进行调查。最后，面对当今复杂的创业环境，创业者应抓住机遇，顺应时代，把握好地利，因地制宜，利用地域特点进行创业。这样才能有效地管理由环境带来的创业风险。

二、人力资源管理风险

（一）人力资源管理风险的主要来源

1. 员工招聘的风险：招聘人员的信息不实、聘用者的动机与品质问题以及招聘使用的测评工具的有效性。

2. 培训风险：由培训的机制不健全、培训的目标不明确以及培训的理念不清晰带来的风险。

3. 员工的任用风险：不能将合适的人放在合适的岗位上，导致大材小用或小材大用，忽略员工长处，埋没人才。

4. 薪酬管理的风险：薪酬模式与企业的发展战略错位，奖励制度起不到激励的作用，薪酬制度存在不科学的设计。

5. 劳动关系带来的风险：用工、招聘、签约，以及解约过程中使用方法不恰当带来的风险。

（二）创业人力资源管理风险控制

1. 主动获取更多应聘者的信息，认真把关，谨慎选择，慎用招聘测评工具。

2. 加强对培训的管理，提高培训的质量，不要让培训成为可有可无的鸡肋。制订以及实施培训计划、做好培训的转化工作与培训以后的回访工作。

3. 按需用人，用人之长，因人设岗。通过科学的选人技术，有效地降低员工任用过程中可能会发生的风险。

4. 科学衡量当前企业的薪酬水平。根据该水平，在遵循公平原则、竞争力原则、激励原则等的前提下，制定有效的薪酬管理制度。

5. 规范用工、招聘、签约以及解约等的过程。

三、企业财产风险

企业财产，是指一组来自某项有形的实物资产的权利或者是关于该有形的实物资产的某一部分的一组权利，只要这项有形的实物资产具有独立的经济价值，即可称为"财产"。企业的财产包括动产、不动产以及无形资产。

四、知识产权风险

知识产权，是指人们就其智力劳动成果所依法享有的专有权利，通常是国家赋予创造者在一定时期内对其智力成果享有的专有权或独占权。知识产权包括著作权、工业产权、人身权利与财产权利。

五、保险与风险管理

保险在法律与经济学上的意义是指一种风险管理的方式，主要用于经济损失发生后的事后补偿。保险主要通过每个投保人缴纳一定费用，将一个实体潜在损失的风险向另一个实体集合转移，实现分散风险，分摊损失。

六、融资风险

融资是企业通过分析自身的状况以及未来的发展方向，通过一定的渠道向外界筹集资金，以确保企业正常运作的理财行为。

1. 初次创业的大学生在融资方面缺乏相关的专业知识，很难选择到正确的融资途径。有时还不惜低价转让自己的创意或者股权，为的是尽快获得资金周转，最终导致毁约，损害了企业的信誉，加大了日后融资的潜在风险。

2. 刚刚创业的企业，内部管理不完善，财务机制不完善，缺乏对资金收支的记录，不重视对融资使用资金的回收，提高了出现融资风险的概率。

3. 当前，我国融资平台的发展不健全，投资方与创业者的信息不透明，在无形中增大了大学生融资的风险。同时，政府推出的一些政策可能会影响正在融资的企业，导致融资风险产生。

融资风险管理如下。

1. 大学生创业者应该提高自身的风险监控意识。通过锻炼提高自身的风险防范意识以及管理能力。在资金紧缺时，应该慎重选择融资渠道，不应盲目进行融资，过大或过小的融资规模都会影响企业的发展。

2. 初创的企业应该重视企业自身信用制度的建设，不应有"拿了钱就完事"的想法。完善企业内部财务机制的建设，及时记录收支，提高企业内部信息的透明度。这样做能为企业树立良好的形象，提高企业的信誉度，为日后企业发展再次进行融资打下良好基础。

3. 政府在逐步完善与融资相关的政策以及法律，拓宽融资的渠道，降低大学生创业融资的门槛。同时，资本市场中的融资市场应该提高其信息的透明度，让创业中的大学生了解更多关于投资方的信息，降低大学生在通过融资平台融资后出现风险的可能性。

七、财务风险

财务风险，是指企业由于内部的财务结构不合理或者融资方式不当，无法达到预期的经营目标，使得预期的收益降低。财务风险是客观存在的，通过风险管理可尽量降低财务风险，但并不能完全消除财务风险。

(一) 财务风险的成因

1. 企业财务管理宏观环境的复杂性是企业产生财务风险的外部原因。企业财务管理的宏观环境复杂多变，而企业管理系统不能适应复杂多变的宏观环境。财务管理的宏观环境包括经济环境、法律环境、市场环境、社会文化环境、资源环境等因素，这些因素存在企业之外，但均对企业财务管理产生重大的影响。

2. 企业财务管理人员对财务风险的客观性认识不足。财务风险是客观存在的，只要有财务活动，就必然存在着财务风险。然而在现实工作中，许多企业的财务管理人员缺乏风险意识。风险意识的淡薄是财务风险产生的重要原因之一。

3. 财务决策缺乏科学性导致决策失误。财务决策失误是产生财务风险的一个主要原因。避免财务决策失误的前提是财务决策的科学化。

4. 企业内部财务关系不明。这是企业产生财务风险的一个重要原因。企业与内部各部门之间及企业与上级企业之间，在资金管理及使用、利益分配等方面存在权责不明、管理不力的现象，造成资金使用效率低下、资金流失严重，资金的安全性、完整性无法得到保证。这主要存在于一些上市公司的财务关系中，很多集团公司的母公司与子公司的财务关系十分混乱，资金使用没有有效的监督与控制。

(二) 财务风险控制

1. 增强投资者与管理者的风险防范意识。

2. 在企业内部建立完善的财务风险控制机制，使用预算模型对企业将要面对的风险进行模拟。运用弹性预算，为日后面对风险留有后路。

3. 善于使用企业孵化器，在创业初期的企业可以考虑加入企业孵化器，这样可降低在创业初期企业将要面临的风险。

4. 积极吸纳风投资金，这样可以改变企业内部的财务结构，提升了企业偿还债务的能力，同时增强了企业面对风险的能力。

5. 保持企业的资金流动性，缩短资金流动周期，减少坏账，使企业有足够的资金流去面对风险。

创业是大学生实现自我人生价值的一条良好途径。但是，我们不能否认风险是与机遇并存的，所以大学生在如今的社会中初次创业难免会困难重重。在创业过程中，面临风险是无法避免的，大学生只有通过自己不断积累的经验去识别风险，才能降低风险发生的概率，控制风险，尽量减少风险带来的阻碍。只有这样初次创业的大学生，才能在如今看似遍地黄金的社会中，披荆斩棘，开拓出一条属于自己的成功道路。

第六章 市场评估与创业环境

模块十三 创业市场评估

市场环境，是指存在于企业营销管理职能之外，能够影响营销管理部门发展与客户成功交流及维系这种交流的能力的各种个人、组织和其他因素。这些因素与企业的市场营销活动密切相关。市场环境的变化，既可以给企业带来市场机会，也可能形成某种威胁。因此，对市场环境的调查，是企业开展经营活动的前提。市场环境主要包括政治环境、经济环境、技术环境、法律环境、社会文化环境、自然地理环境、竞争环境等。

实训一 市场环境评估

【实训目标】

1. 通过本模块的练习，学生对拟进入的行业状况做一个比较全面的分析和评判。

2. 初步学会撰写行业分析报告。

【实训流程】

流程一

1. 了解拟进入行业的产业政策。

2. 分析拟进入行业的未来发展趋势。

3. 分析行业内的主要竞争环境。

4. 了解该行业产品的主要范围和价格。

5. 分析主要产品成本构成。

6. 分析行业产业链。

7. 找到该行业的头部企业，分析其销售渠道。

8. 分析替代品的来源及压力。

流程二 依据上述内容写出行业分析报告

> 小贴士
>
> ### 行业分析报告包括内容
>
> **报告要点**
>
> 1. 环境分析。
>
> 行业环境是对企业影响最直接、作用最大的外部环境。
>
> 2. 结构分析。
>
> 结构分析主要涉及行业的资本结构、市场结构等内容。一般来说，主要是对行业进入障碍和行业内竞争程度的分析。
>
> 3. 市场分析。
>
> 市场分析主要内容涉及行业市场需求的性质、要求及发展变化，行业的市场容量，行业的分销通路模式、销售方式等。
>
> 4. 组织分析。
>
> 组织分析主要研究行业对企业生存状况的要求及现实反映，主要内容有：企业内的关联性，行业内专业化、一体化程度，规模经济水平，组织变化状况等。
>
> 5. 成长性分析。
>
> 成长性分析是指分析行业所处的成长阶段和发展方向。当然，这些内容还只是常规分析中的一部分，而在这些分析中，还有不少一般内容和特定内容。例如，在行业分析中，一般应动态地进行行业生命周期分析，尤其是结合行业周期的变化来看公司市场销售趋势与价值的变动。

6. 价值意义。

行业是由许多同类企业构成的群体。如果我们只进行企业分析，虽然我们可以知道某个企业的经营和财务状况，但不能知道其他同类企业的状况，无法通过比较知道企业在同行业中的位置。这在充满着高度竞争的现代经济社会中是非常致命的。另外，行业所处生命周期的位置制约或决定着企业的生存和发展。

实训二　用户画像及资源评估

【实训目标】
1. 学会分析提纯顾客需求，找到真正的客户资源。
2. 锻炼如何收集顾客信息的能力。

【实训流程】
流程一
1. 假定对一种产品或服务进行顾客需求分析。
　
2. 划定调查范围（确定目标客户地域）。
　
3. 明确调查对象（确定潜在顾客群体）。
　
4. 确定调查内容（确定市场调查主题）。
　
5. 直接进入市场（进入现场实际考察）。
　
6. 多方收集信息（多渠道、多途径收集）。
　

流程二
1. 总结分析流程一获得的信息，明确你的产品在哪些方面满足了客户的需要。
　
2. 明确你的产品在哪些方面不能满足客户的需要。

3. 调查所选定地区还有哪些未被满足或未被完全满足的需要（也就是还有哪些产品/服务有值得提供的空间）。

流程三　通过上述调研确定你将对你的产品或服务进行哪些方面的改进

流程四　总结你的用户画像

小贴士

收集客户信息的方法

收集客户信息的原则就是"韩信将兵，多多益善"，这里列举一些常用方法。

一、"扫街"

"扫街"就是对一些比较集中的工业区、写字楼进行地毯式搜索，这种方法很简单，但是很有效，往往可以得到很多优质的客户信息。当然，在"扫街"之前，首先要对本区域的工业、商业的分布情况有一定了解，以利于安排计划。

二、媒介资料

媒介资料有很多，如城市的黄页、报纸、杂志、各种行业的会刊等。要从媒介中寻找资料，建议你去图书馆、大型的书店。这些地方寻找出来的资料准确率高，而且企业正处于宣传的阶段，很容易跟进。这里不建议依赖黄页，因为黄页的使用率比较高，也就是说，受骚扰的概率高，销售的难度较大。

三、逛展会

现在各种展会多如牛毛，每年都有数不清的各种形式的行业展会，这样的展会一定要去逛逛，也要购买一本会刊（先问清楚会刊上是不是有参展商的联系方式），因为参展的企业都是比较活跃的企业，愿意接触新信息，寻找更多的合作机会。这些是非常有效的信息。

四、互联网上查找

专业网站上的会员资料很好，但是有些网站的会员资料保密，建议有实力的公司可以考虑购买。很多电子商务型的网站会员资料还是公开的，这些网站要适时收藏，定期登录，不建议使用资料搜索软件搜索资料，因为这在搜集过程中可能会搜出大量的垃圾资料。

五、由老客户引荐新客户

老客户所从事的行业，还有从事相同行业的竞争对手，务必关注和了解，这样老客户和竞争对手很自然地可以成为你的信息来源。

六、与同行互相交换信息

同是销售行业，不是从事同一产品的业务人员，大可交换已有的客户信息，这是最理想的双赢局面，现在这种交换形式很流行，也特别适用。与同行或相关行业从业者交换电话名录，经常与他们交流和参加他们的活动，不仅能获得大量的目标客户，还能获得新的培训知识和业务技巧。

七、与专业从事印刷名片的店面打交道

现代频繁的人际交往都会互发名片，他们的名片肯定需要印刷，那么只要与相关店面的负责人达成协议，就可以将很多企业主要负责人的姓名、职务、电话、手机、邮箱等信息了解到，这样工作做起来就可以事半功倍了，最起码我们不用花费太多的时间去打听有关部门由谁负责，绕过了这道障碍重重的阻挡之门，并且所了解的负责人大多是有很大的影响力和决策权的。

八、从个人建立的人际网络中获取

个人建立的人际网络主要有同事、朋友、同学、亲戚，这和个人的社会资源有关。这个可以是你目标客户群的上下游企业的一些人员，那些做网站的技术人员就是你潜在的优质客户。因为，他们天天都给人做网站，做好的网站面临的就是推广问题。如果和这些技术人员处理好关系，那么每年他们都会固定地给你引荐一些客户，和这些客户打交道通常比较容易一些，因为他们是最有需求的客户。

九、购买专业的电话业务名录

比如，有的车险推销员向汽车销售中心购买其客户名录。因为车辆销售中心登记了大量购车者的姓名等个人信息，而这些购车者正是车险销售人员的推销目标对象。

十、查找各种汇编资料和行业政府、社团组织发布的数据信息

统计资料是指国家有关部门的统计调查报告、行业协会或主管部门在报刊上面刊登的统计调查资料、行业团体的调查统计资料等。名录类资料是指各种客户名录、同学录、会员名录、协会名录、职员名录、名人录、行业年鉴等。

实训三　竞争对手评估

【实训目标】

1. 通过分析同类企业，从而找到真正的竞争对手。
2. 通过收集到的信息，分析提炼竞争对手的实力。

【实训流程】

流程一　列出行业内与你同等规模的几家企业名单，通过回答下列问题了解竞争对手的情况

1. 他们的产品或服务的价格怎样?
_____

2. 他们提供的产品或服务的质量如何?
_____

3. 他们如何推销产品或服务?
_____

4. 他们提供怎样的额外服务?
_____

5. 他们的企业坐落在地价昂贵还是便宜的地方?
_____

6. 他们的设备先进吗?
_____

7. 他们的雇员受过培训吗? 待遇好吗?
_____

8. 他们做过广告吗?
_____

9. 他们怎样分销产品或服务?
_____

10. 他们的优势和劣势是什么?
_____

流程二 把通过调查收集到的信息做处理,然后回答下列问题

1. 成功的企业有相似的运作方式吗?
_____

2. 成功的企业有相似的价格、改策服务、销售或生产方式吗?
_____

流程三

1. 通过上述调研,你是否能够明确找到竞争对手?
_____

2. 你的应对策略是:
_____

小贴士

如何进行竞争对手分析

当今企业处在一个超竞争的环境中,新的竞争对手不断涌入,行业内的整合不断加剧。在这样一个瞬息万变的市场环境中,谁能掌握市场的先机,谁能及时把握竞争对手的动态,谁就能在竞争中掌握主动权。所以,对竞争对手进行分析就显得尤其重要。

首先,要说明两个概念。

第一,竞争参与者与竞争对手。每一个企业都在某一个行业环境里生存,在这个行业中,有许多的竞争参与者,但不是每一个竞争参与者都是你的竞争对手。那么,什么样的企业才能被称为"竞争对手"呢?只有那些有能力与该企业抗衡的竞争参与者,才能被称为"竞争对手"。所以,在分析竞争对手的时候要有的放矢,不能面面俱到。

第二,竞争分析和竞争对手分析。竞争对手分析只是竞争分析的一部分。竞争分析除了竞争对手分析,还包括行业的竞争环境分析,波特五力分析模型中供应商的分析、经销商的分析、潜在进入者的分析以及替代产品的分析。

面对一大堆的财务数据、市场信息以及其他纷至沓来的各种信息,如何理顺和筛选这些信息,如何对竞争对手进行分析,是摆在企业情报工作者面前的一个重要课题。

一、竞争对手的市场占有率分析

市场占有率通常用企业的销售量与市场的总体容量的比例来表示。分析竞争对手的市场占有率是为了明确竞争对手及本企业在市场上所处的位置。

分析市场占有率不仅要分析在行业中,竞争对手及本企业总体的市场占有率的状况,还要分析细分市场竞争对手的占有率的状况。

二、竞争对手的财务状况分析

竞争对手的财务状况分析主要包括盈利能力分析、成长性分析和负债情况分析、成本分析等。

盈利能力分析通常采用的指标是利润率。比较竞争对手与本企业的利润率指标,并与行业的平均利润率做比较,判断本企业的盈利水平处在什么样的位置上。同时,要对利润率的构成进行分析。主要分析主营业务成本率、营业费用率、管理费用率以及财务费用率。看哪个指标是优于竞争对手的,哪个指标比竞争对手差,从而采取相应措施提高本企业的盈利水平。

竞争对手的成长性分析。主要分析的指标是产销量增长率、利润增长率。同时,对产销量增长率和利润增长率做出比较分析,观察两者增长的关系,是利润增长率快于产销量增长率,还是产销量增长率快于利润增长率。一般来说,利润增长率快于产销量增长率,说明企业有较好的成长性。

三、竞争对手的创新能力分析

对竞争对手学习和创新能力的分析,可以从以下几个指标来进行。

1. 推出新产品的速度，这是检验企业科研能力的一个重要指标。
2. 科研经费占销售收入的百分比，这体现出企业对技术创新的重视程度。
3. 销售渠道的创新，主要看竞争对手对销售渠道的整合程度。销售渠道是企业盈利的主要通道，只有加强对销售渠道的管理和创新，更好地管控销售渠道，企业才可能在整个的价值链中（包括供应商和经销商）分得更多利润。
4. 管理创新。企业的管理水平一直处于一种较低的层次上。随着中国加入WTO，国外的资本更多地参与了国内的市场竞争。在这样竞争激烈的市场环境下，企业只有不断地提高自身的管理水平，进行管理创新，才能不被激烈的市场竞争淘汰。

四、竞争对手的领导人分析

领导者的风格往往决定了一个企业的文化和价值观，是企业成功的关键因素之一。对竞争对手领导人的分析包括姓名、年龄、性别、教育背景、主要的经历、培训的经历、过去的业绩等。通过这些方面的分析，全面了解竞争对手领导人的个人素质，以及分析他的这种素质会给其所在企业带来什么样的变化和机会。当然，这里还包括竞争对手主要领导人的变更情况，分析领导人的更换为企业发展带来的影响。

实训四　商业机会选择

【实训目标】
1. 培养学生的洞察力和行业敏感度。
2. 提高把握问题、分析问题的能力，通过多渠道找到适合的商业机会。

【实训流程】
流程一

从官方渠道中找寻商业机会（包括但不限于领导讲话，政府工作报告，国际政治、军事、经济形势等）。

_____

从环境和资源中找寻商业机会。

_____

从信息资料中找寻商业机会。

_____

从现代农业中找寻商业机会。

_____

从气候变化中找寻商业机会。
_____

从市场缝隙中找寻商业机会。
_____

从别人产品的缺陷中找寻商业机会。
_____

从顾客的抱怨中找寻商业机会。
_____

流程二 设想还有哪些途径可以找到商业机会
_____

小贴士

麦肯锡商业机会七步分析法

"七步分析法"是麦肯锡公司根据他们做过的大量案例，总结出的一套对商业机遇的分析方法。它是一种在实际运用中，对新创公司及成熟公司都很重要的思维、工作方法。

一、背景

对多数商业计划来讲，没有可遵循的东西，尤其是新创行业的商业计划，一般都是外延式的，而不是传统的、有模式可寻的市场。比如自行车市场、汽车市场，这些传统行业的市场大家都是很清楚的；但一些新创的服务性市场到底是什么？大家都还搞不清楚。例如，许多高科技公司在做软件，是套装软件还是服务性软件？要界定出你做的是哪一块。又如，用友是一家软件提供商，它的市场是中国的企业，它先是企业软件的集成商，现在又做到了套装软件商。

二、步骤

第一步：确定新创公司的市场在哪里

这里，一是要搞清楚市场是什么，二是要搞清楚公司在市场中的价值链的哪一端。只有确定自己的市场在哪里，才能知道谁和你竞争，知道你的机遇在哪里。

第二步：分析影响市场的每一种因素

知道自己的市场定位后，就要分析该市场的抑制因素与驱动因素。要意识到影响这个市场的环境因素是什么，哪些因素是抑制的，哪些因素是驱动的。此外，还要找出哪些因素是长期的，哪些因素是短期的，如果这个抑制因素是长期的，那就要考虑这个市场还要不要做，也要考虑这个抑制因素是强还是弱。

第三步：找出市场的需求点

在对市场各种因素进行分析之后，就很容易找出该市场的需求点在哪里。接着就要对市场进行分析，要对市场客户进行分类，了解每一类客户的增长趋势。例如，中国的房屋消费市场增长很快，但有些房屋消费市场增长很慢。这就要对哪段价位的房屋市场增长快，哪段价位的房屋市场增长慢做出分析，是哪个阶层的人在买这一价位的，它的驱动因素在哪里？要在需求分析中把它弄清楚，要了解客户的关键购买因素，即客户来买这件东西时，最关心的头三件事情、头五件事情是什么？

第四步：做市场供应分析

市场供应分析即多少人在为这一市场提供服务，在这一整个的价值链中，所有人都在为企业提供服务，因位置不同，很多人是你的合作伙伴而不是竞争对手。例如，在奶制品市场中，有养奶牛的，有做奶产品的，有做奶制品分销的。如公司要做奶制品分销，那前两个上游企业都是合作伙伴。不仅如此，还要结合对市场需求的分析，找出供应伙伴在供应市场中的优劣势。

第五步：找出新创空间机遇

供应商如何去覆盖市场中的每一块？从这里找出一个商机，这就是新创公司必须做的一块。这样分析后最大的好处是，在关键购买因素增长极快的情况下，供应商却不能满足它，而新的创业模式正好能补充它，填补这一空白，这也就是创业机会。这一点对创业公司和大公司是同样适用的，对一些大公司的成功退出也是适用的。对新创公司来讲，这一点就是要集中火力攻克的一点，也是能吸引风险投资商的一点。

第六步：创业模式的细分

知道了市场中需要什么，关键购买因素是什么，以及市场竞争中的优劣势，就能找出新创公司竞争需要具备的优势是什么，就可以根据要做成这一优势所需条件来设计商业模式。对新创公司来讲，第一步是把市场占住，需要大量的合作伙伴，但随着公司的发展，自有的知识产权会越来越多，价值链会越来越长。

第七步：风险投资决策

以上六点作为商业机会的分析，大小公司都可以运用，这第七点就是针对风险投资商（VC）的。VC主要看投资的增值能力，什么时候投？投多少？这要结合VC自身的财务能力，公司的背景、经历。VC投的不光是钱，他需要考虑各方面的因素。

作为新创公司，要找出自己的优势在哪里，需要多少钱，也要了解VC方面的情况，否则的话，不了解对方的优势、投资的意愿，他过去都投过哪些项目，你去跟他谈什么？他对你会很不感兴趣。如果新创公司正好是他挑中的那一块，知道他对这个领域很感兴趣，想在这里发展，而且他在这一块能得到最大的增值，VC就会很愿意投资。

模块十四　创业环境政策

创业型经济正在成为经济增长的新动力和新形态。在当前"大众创业、万众创新"的新形势下，国家和地方政府出台了一系列政策鼓励支持大学生创业。梳理与大学生创业及创业环境相关的文献，以期更好地开展大学生创业教育，不断完善优化大学生创业政策环境，营造大学生创业氛围，点燃大学生创业激情，引导帮扶大学生开展创业活动，使"大众创业、万众创新"的美好期望提前到来，为创业浪潮的形成增添一份力量。

实训一　创业环境SWOT分析

【实训目标】
1. 了解创业环境对创业内容的影响。
2. 掌握创业环境分析模型。

【实训流程】
流程一　自身优势分析

性别、健康状况：
_____

专业知识及创新能力：
_____

性格、爱好：
_____

能力资源：
_____

实践经验：
_____

流程二　自身劣势分析

性别、健康状况：
_____

专业知识及创新能力：
_____

性格、爱好：
_____

能力资源：
_____

实践经验：
_____

流程三　环境政策分析

优势分析：
_____

劣势分析：
_____

小贴士

一、创业环境的含义

创业环境，是指那些与创业活动相关联的因素的集合，即对创业者创业思想的形成和创业活动的开展能够产生影响与发生作用的各种因素和条件的总和。具体包含三层含义：一是创业环境是创业活动的领域，在很大程度上规定了创业的性质和活动范围；二是创业环境是创业者面临的处境；三是创业环境是创业活动的基本条件。

创业环境的分类如下。

（1）按创业环境的构成要素，可分为经济环境、政治法律环境、科技环境、商务环境、教育环境、社会文化环境以及自然环境等几个方向。

（2）按创业环境的层次，可分为宏观环境、中观环境和微观环境。

（3）按创业环境是否为有形的物质，可分为硬环境和软环境。

（4）按创业环境的社会属性，可分为社会环境与自然环境。

（5）按创业环境对创业组织的影响，可分为内部环境与外部环境。

（6）按创业环境的资金属性，可分为融资环境与投资环境。

（7）按创业环境的竞争性依存度，可分为合作环境与竞争环境。

（8）按创业环境要素的使用过程，可分为生产环境与消费环境。

二、创业环境分析模型

创业环境分析模型有很多，运用较多的是GEM分析模型、PEST分析模型、

SWOT分析模型和机会威胁综合矩阵分析模型。

（一）GEM分析模型

GEM分析模型的研究方法主要通过三类数据对地区创业活动进行分析，这三类数据是电话抽样调查、专家访谈、第三者收集的标准经济数据。

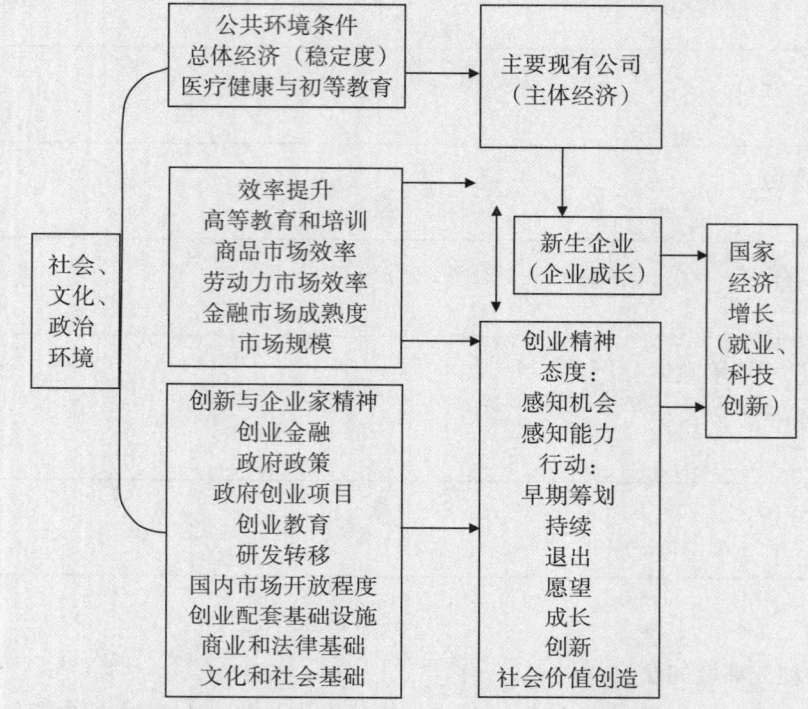

（二）PEST①分析模型

PEST分析模型是利用环境扫描，分析总体环境中的政治（Politics）、经济（Economy）、社会（Society）与技术（Technology）四种因素的一种模型。

政治	经济
环保制度、税收政策、国际贸易章程与限制、合同执行法、消费者保护法、雇佣法律、政府组织态度、竞争规则、政治稳定性、安全规定等	经济增长、利率与货币政策、政府开支、失业政策、征税、汇率、通货膨胀率、商业周期的所处阶段、消费者信心等
社会	技术
收入分布、人口统计、人口增长率与年龄分布、劳动力与社会流动性、生活方式变革、职业与休闲态度、企业家精神、教育、潮流与风尚、健康意识、社会福利、生活条件等	政府研究开支、产业技术关注、新型发明与技术发展、技术转让率、技术更新速度与生命周期、能源利用与成本、信息技术变革、互联网的变革、移动技术变革等

---

① 根据 *GEM Global Report* 2010 整理。

实训二 创业地区分析

【实训目标】

1. 分析国内典型区域的创新创业生态系统形态成熟程度。
2. 判断自己适合的创业地区环境。

【实训流程】

流程一 收集本人生长地区的创新创业生态信息

流程二 对比分析该地区的环境优劣势

流程三 判断自己适合的环境,并分析可行性

小贴士

在全国科技创新体系中,既有技术创新和高技术产业集聚区,也有特色产业创新发展区。在各类创新创业区域中,北京、上海、深圳等经济较为发达的城市是我国创新创业活动开展的主要地区。它们的影响力也扩散到以这些城市为中心的京津冀、长三角、珠三角区域。这三个区域的创新创业活动伴随着区域内城市科技创新能力的提升和创新管理体制机制的转型,日益朝着"生态化"的方向演进。

一、京津冀创新创业生态分析

(一)北京市创新创业活动规模"一枝独秀",种群结构多样化

北京市作为科技创新中心,一直以来是我国科技创新和创业活动开展的重要基地。根据《中国创新城市评价报告2016—2017》中的数据,2016年度北京市R&D经费投入占全国6.01%,SCI论文数量占全国15.6%,技术国际收入为88.9亿美元,占全国21%。2016年,北京市输出技术成果成交额为3712.5亿元,占全国比重高达35.1%;同年天津市成交额为602.32亿元;而河北省则仅为60亿元。从专利申请数量上看,2016年北京市专利申请数量为18.9万件,天津市为10.65万件,而河北省仅为3031件。从京津冀三地高技术行业2015年的截面数据来看,北京市R&D经费投入分别为天津市和河北省的2.35倍和3.59倍。可见从创新能力来看,北京市不仅在京津冀,在全国也是独占鳌头,天津市的数据略次之,河北省则远远落后于北京市、天津市两地。

(二)政策引导京津冀创新创业生态系统逐渐走上种群多样、协同演化的道路

虽然北京市在京津冀创新创业生态系统中各类创新主体的创新能力和活跃

程度都遥遥领先，但是随着京津冀协同发展战略地不断推进，区域创新创业生态系统正在逐步修复，渐渐走上种群多样、协同演化的道路。北京市"一枝独秀"的局面有所改变。例如，天津市过去一直是重要的贸易港口，现在依托"双创"的契机，各类创新创业主体不断涌现。此外，雄安新区的建设也为京津冀协同发展提供了新的空间。

二、珠三角区域创新创业生态分析

珠三角是我国改革开放的先行地区。依托发达的制造业，珠三角创新驱动的号角早已吹响，掀开了"新常态"下的广东"创新大潮"。珠三角区域创新创业生态的特点可以总结为：种群分布呈现"百花齐放"，层次结构清晰；环境宽松，适宜发展；系统自组织进化流畅，对环境变化响应迅速，市场的作用明显。

（一）种群分布呈现"百花齐放"，层次结构清晰

不同于京津冀地区以北京市为核心对外辐射的模式，珠三角地区的城市多头并进，创新主体多点开花。广州、深圳、佛山、东莞、珠海、中山、惠州等城市都有自己的创新产业。例如，深圳的电子产品创新引领，广州的金融和服务业，汕头的电商和制造业，以及惠州的"电、汽、化"产业等。每一座城市的创新现状都不同，各有各的优势，在加快实施创新驱动发展中，应紧扣自身的产业特色。比如，佛山这座工业制造业大市，需要立足于自身的传统产业，以加快传统产业转型升级作为实施创新驱动的重要内容。

（二）环境宽松，适宜发展

珠三角地区是改革开放的最前沿，市场发育成熟。创新不是管出来的，而是放出来的，关键是要发挥政府的引导作用，用好政府和市场这"两只手"，让大大小小的企业都有成为创新主体的自愿和自觉，把每一个"细胞"的创新活力都激发出来。今天的小企业就是明天的大企业，企业有创新愿望的就鼓励，企业有创新行动的就支持，不利于创新发展的体制机制要破除。广东省已经形成创新的体系和平台，全国很多企业都愿意到广东省来落户，各高校科研院所也都纷纷在深圳市和广州市建立了自己的研发中心，产出了诸多成果。

三、长三角区域创新创业生态分析

长三角区域创新创业生态系统最大的特点是整体性强。长三角以地域相连、人缘相亲、文化相通、经济相融的江浙沪三个省级行政区为载体。这三个省级行政区在历史上就有着密切的联系和交往，具有共同的历史地理文化传统。长三角地区的创新创业生态系统特点可以总结为：种群分布呈现"种大树，育森林"模式，高度统一的文化氛围为生态系统成长营造了和谐适宜的环境。

（一）种群分布呈现"种大树，育森林"模式

在长三角区域创新系统中，这三个创新子系统各具特色和优势，地位及作用因而不同。上海市创新子系统处于核心和主导地位，发挥着龙头作用，具有引领和示范、集聚和辐射的功能。上海市创新子系统是长三角区域创新

系统的核心子系统。上海市创新子系统的发展与完善，不仅影响到上海市自身发展与建设的未来，而且关系到长三角区域发展与建设的未来以及国家国际竞争力的提升，其战略地位和意义不仅重要而且重大。上海市创新子系统的实力和水平，决定着长三角区域创新系统的实力和水平，是整个长三角区域的"大树"。

以实力雄厚、生机勃勃的民营经济为鲜明特色的浙江省创新子系统，以财大势雄、活力四射的外资经济为显著优势的江苏省创新子系统，两者一为南翼，二为北翼，一方面积极承接辐射和转移，另一方面主动融入和对接，从实际出发，发挥各自的特色和优势，紧密联系，协调发展，共荣共赢。它们既承接一部分上海的输出，又有独立的成长机制，是长三角生态系统中的"森林"。

（二）生态系统环境具有共同的基因

上海文化、江苏文化和浙江文化均属于江南文化，基本特征非常相似，正所谓文化相通，这些相似内容构成了长三角区域文化的基本特征。创新是长三角区域文化的核心、精髓和灵魂。长三角区域创新系统的创新环境具有高度的一致性，江浙沪三个省级行政区的法律、政策、体制、机制等无缝对接和贯通，创新、创造、创业、创富的氛围是共同的，基础设施建设实现了高度一体化。

同时，长三角区域文化的合作创新内涵塑造着长三角区域的创业者、职业经理人包括企业各级管理人员、企业家以及商业从业人员，特别是商界精英的创业创富精神、企业家精神、商业精神及商业文明传统。由他们跨区联合主导的技术创新、产品创新、工艺创新、市场创新、组织创新、业态创新和商业模式创新在合作创新文化方面获得了充分、持续、永久的保障。其中，区域合作创新文化将促使企业加强与高校院所的密切合作，真正成为自主创新的核心主体，成为研发投入和产出的主力军，成为研发成果商品化、产业化，进而创造巨额商业利润的重要力量。

实训三　行业环境分析

【实训目标】

1. 了解行业类型及发展因素。
2. 分析行业环境现状和未来发展趋势。

【实训流程】

流程一　对自选行业环境进行数据分析

流程二　分组讨论符合条件的数据信息

_____

流程三　总结该行业具有创业机会的哪些条件

_____

小贴士

　　行业分类就是有规则地按照一定的科学依据，对从事国民经济生产和经营的单位或者个体的组织结构体系的详细划分，如林业、汽车业、银行业等。行业的发展必然遵循由低级的自然资源掠夺性开采利用和低级的人工劳务输出，逐步转向规模经济，科技密集型、金融密集型、人才密集型、知识经济型的产业发展规律；遵循从输出自然资源，逐步转向输出工业产品、知识产权、高科技人才等的发展规律。

　　《国民经济行业分类》（GB/T 4754—2017）中国民经济行业分类和代码如下：A. 农、林、牧、渔业；B. 采矿业；C. 制造业；D. 电力、热力、燃气及水生产和供应业；E. 建筑业；F. 批发和零售业；G. 交通运输、仓储和邮政业；H. 住宿和餐饮业；I. 信息传输、软件和信息技术服务业；J. 金融业；K. 房地产业；L. 租赁和商务服务业；M. 科学研究和技术服务业；N. 水利、环境和公共设施管理业；O. 居民服务、修理和其他服务业；P. 教育；Q. 卫生和社会工作；R. 文化、体育和娱乐业；S. 公共管理、社会保障和社会组织；T. 国际组织。

　　《财富中国》根据发达国家的行业界定与行业演变规则，对中国的行业进行新分类，机构组织：政府机构、各国驻华行政机构、贸易公司、经济组织、协会以及其他机构。

第七章 商业计划书

模块十五 撰写商业计划书

商业计划书是企业成功融资的重要工具之一,同时可以帮助管理者有计划地开展商业活动,提高成功的概率。如何打造一份既吸引人又很实用的商业计划书呢?本章的实训将帮助你厘清思路。

实训一 优秀商业计划书分析

【实训目标】

1. 通过上网浏览各类商业计划书,开阔学生的眼界,加深学生对商业计划书内容的理解。

2. 学会找到自己撰写商业计划书时的侧重点和短板。

【实训流程】

流程一 通过网络、图书等途径找到你认为优秀的3份商业计划书

商业计划书一

优点:
_____

缺点:
_____

商业计划书二

优点:
_____

缺点：
_____

商业计划书三
优点：
_____

缺点：
_____

流程二　通过上述案例总结，如果你写计划书，那么你的重点是哪些，你擅长的又是哪些，有哪些问题是要回避的，哪些是你的短板
_____

小贴士

商业计划书

商业计划书（Business Plan），是公司、企业或项目单位为了达到招商融资和其他发展目标，在经过前期对项目科学地调研、分析、收集与整理有关资料的基础上，根据一定的格式和内容的具体要求，编辑整理的一个全面展示公司和项目状况、未来发展潜力与执行策略的书面材料。

商业计划书是一份全方位的项目计划，它从企业内部的人员、制度、管理以及企业的产品、营销、市场等各个方面对即将展开的商业项目进行可行性分析。商业计划书优秀是企业融资成功的重要因素之一，商业计划书还可以使你有计划地开展商业活动，提高成功的概率。

专业的投资人能在很短时间内发现商业计划书是否套用模板，是否用心编撰。商业计划书的质量直接影响到投资人对求资企业融资诚意的看法，甚至投资人会考虑到利益风险，而终止阅读。这就是优质的项目有时候却找不到资金的原因所在了。因此，寻求风险投资的企业不要盲目，更不要走捷径去随意编制商业计划书，应该考虑寻找专业公司量身定制高质量、专业的商业计划书，这才能取得事半功倍的效果。

商业计划书的写作原则

商业计划书不是学术论文，它面对的可能是无相关技术背景但对计划有兴趣的人，比如，可能的团队成员、投资人和合作伙伴、供应商、顾客、政策机构等。因此，一份好的商业计划书，应该写得让人明白，避免使用过多的专业词汇，聚焦于特定的策略、目标、计划和行动。商业计划书的篇幅要适当，太短容易让人不相信项目会成功；太长则会被认为太啰唆，表达不清楚。合适的篇幅一般为20~40页（包括附录在内）。

实训二　撰写商业计划书

【实训目标】

1. 学会撰写简单的商业计划书。
2. 锻炼团队合作能力。
3. 提高综合文字能力。

【实训流程】

流程一　组成3~5人的团队

流程二　团队成员合作找到一个模拟项目，进行分工，思考项目发展前景、产品、市场、竞争风险及投资收益和融资等方面的内容

流程三　依据下面的模板开始撰写商业计划书

中国"互联网+"大学生创新创业大赛项目商业计划书

公司名称：_____

公司主营：_____

负　责　人：_____

所在学校：_____

所学专业：_____

联系电话：_____

联系邮箱：_____

_____年_____月

一、计划摘要

说明：计划摘要一般包括公司介绍、主要产品和业务范围、市场概貌、营销策略、销售计划、生产管理计划、管理者及其组织、财务计划、资金需求状况等。计划摘要浓缩了商业计划书的精华，涵盖了计划的要点。

二、公司介绍

说明：介绍公司的主营产业、产品和服务、竞争优势以及成立地点和时间、所处阶段等基本情况。在介绍公司时，一是要说明创办新公司的思路，新思想的形成过程以及公司的目标和发展战略；二是要交代公司的现状、过去背景和经营范围。在这一部分中，要对公司以往的情况做客观评述，不回避失误。

三、战略规划

说明：介绍公司的宗旨和目标、发展规划和策略。

四、创业组织结构

说明：介绍公司的组织结构和管理队伍。

五、产品服务

说明：包括产品的概念、产品性能及特性、主要产品、产品的市场竞争力、产品的研究和开发过程、发展新产品的计划和成本分析、产品的市场前景预测、产品的品牌和专利。

六、市场预测

说明：包括市场现状综述、竞争厂商概览、目标顾客和目标市场、本企业产品的市场地位、市场区隔和特征等。

七、营销计划

说明：包括市场机构和营销渠道的选择、营销队伍和管理、促销计划和广告策略、价格决策。营销是企业经营中最富挑战性的环节，在介绍时要分析消费者的特点、产品的特征、企业自身的状况、营销成本和营销效益等影响营销策略的主要因素。

八、生产计划

说明：包括产品制造和技术设备现状、新产品投产计划、技术提升和设备更新的要求、质量控制和质量改进计划。

九、财务规划

说明：介绍商业计划书的条件假设、预计的资产负债表、预计的损益表、现金收支分析（现金流量）、资金的来源和使用。

十、风险与退出

说明：介绍企业经营面临的风险、面临风险时的应对措施以及资本退出机制。不是说有人竞争就是风险，风险可能是进出口汇兑的风险，餐厅有火灾的风险等，并注意当风险来临时应如何应对。

实训三 "互联网+"等各项大学生创新创业大赛模拟路演

【实训目标】

1. 了解各类创新创业大赛，尤其是全国大学生"互联网+"比赛。
2. 了解各类比赛的参赛流程、规则。
3. 锻炼表达能力和学会展示自我。

【实训流程】

流程一 上网查找5个比较有影响力的大学生创新创业大赛

大赛名称	主办单位	比赛时间	比赛地点	比赛内容	参赛要求	赛事流程

流程二 模拟路演

1. 请老师和创业成功人士指导，修改项目计划书。你的项目计划书内容是：

_____

2. 根据项目计划书撰写演讲稿，要特别突出产品和团队。

_____

3. 模拟"互联网+"比赛规则制作PPT。

_____

4. 模拟"互联网+"比赛进行路演。

_____

小贴士

路演技巧

一场好的项目路演，能让投资人对项目充分了解，给出对项目中肯的建议，并保持对项目的持续跟进兴趣，甚至促成融资成功。那么，对创业团队来说，如何才能做好一场项目路演？

一、项目路演PPT制作

用最简单、直接的方式说明一切是所有成功路演的特点。

1. 公司或项目发起的目的：为什么要做这件事？是因为什么进入这个行业的？做这件事情的可持续发展空间有多大？

2. 项目是在解决哪些问题？描述用户痛点，以及这样的痛点是否具有普遍存在性。

3. 提出解决方案：通过技术改进，或通过市场的现有模式创新，抑或通过提供更优质的产品、服务、用户体验解决？最好提供现有的具体例子。

4. 时机：为什么是现在做这件事情？回顾公司产品/服务应用领域的历史演变。

5. 市场规模：用不同的方法测算市场规模，自上而下估算可获取的市场规模，自下而上统计可获取的收入规模，依据市场占有率份额估计。

6. 竞争格局：列出现有的和潜在的竞争对手，分析各自的竞争优势。

7. 产品/服务：产品/服务的外形、功能、性能、结构、知识产品等方面，以及产品/服务的开发计划。

8. 项目商业模式：收入模式、定价、销售和渠道以及现有客户与正在开发的客户清单。

9. 团队描述：创始人和核心管理层的从业经验，以及获得的荣誉经历。

10. 财务资料：现金流量表、损益表、资产负债表、股本结构、融资计划、财务预测。

11. 页数不宜过多，最好控制在20页以内。

二、路演演讲技巧

1. 语言尽量简洁、精练，保持平稳的语速，少用形容词，少用被过度使用的词语，尽可能地展现核心团队成员及他们的优势方面。

2. 在演讲中要增加互动，刺激投资者的兴奋点，带动投资者的参与积极性，用讲述的方式而不是念PPT，一定要真诚，用真诚的心去感动别人。

3. 切忌对项目过分乐观，过分乐观自信会令人产生不信任感。

4. 多用有根据且有效的数据说明问题。

5. 尽量选择进入未充分竞争的细分市场，不可进入一个拥塞的市场并企图后来居上。

6. 投资人不是科学家，所以不可过分强调技术因素或估计，使技术环节复杂化。

7. 关于项目的材料，需转PDF格式，加水印，不必滥发材料。

第八章 创业组织管理及运行

模块十六 新企业的创立与生存

新企业在当今社会经济生活中扮演着越来越重要的角色，对解决就业、技术创新意义重大，能有效提高生产力，促进国民经济增长。通过系统地量化评价新企业创立、生存与早期成长过程中的关键因素，对企业选址、组织形式的了解以及相关知识的学习，为自己今后创业做好准备。

实训一 企业组织形式

【实训目标】
了解新企业的组织形式，学会区别不同组织形式的特点。

【实训流程】
流程一　5~7人一组，分组选定个体工商户、个人独资企业、合伙企业和公司制企业案例

流程二　分析个体工商户和个人独资企业的区别

流程三　讨论不同企业组织形式的特点和优势、劣势

流程四　总结有限责任和无限责任的本质区别

小贴士

在市场经济条件下，企业是法律上和经济上独立的经济实体。任何一个企业都要依法建立。在创建一个企业时，投资人都面临企业的法律形式选择问题。新创企业一般都是小型企业，常见的企业法律形式有个体工商户、个人独资企业、合伙企业和公司制企业。

一、个体工商户

（一）含义

公民在法律允许的范围内，经核准登记，从事工商业活动的为个体工商户。个体工商户是新创企业的原始形态。

（二）法律特征

个体工商户是个体工商业经济在法律上的表现，其具有以下特征。

1. 个体工商户是从事工商业经营的自然人或家庭。自然人或以个人为单位，或以家庭为单位从事工商业经营，均为个体工商户。根据法律有关政策，可以申请个体工商户经营的主要是城镇待业青年、社会闲散人员和农村村民。此外，国家机关干部、企事业单位职工，不能申请从事个体工商业经营。

2. 自然人从事个体工商业经营必须依法核准登记。个体工商户的登记机关是县以上工商行政管理机关。个体工商户经核准登记，取得营业执照后，才可以开始经营。个体工商户转业、合并、变更登记事项或歇业，也应办理登记手续。

3. 个体工商户只能经营法律、政策允许个体经营的行业。

二、个人独资企业

（一）含义

个人独资企业，是指依法在中国境内设立，由一个自然人投资，财产为投资人个人所有，投资人以其个人财产对企业债务承担无限责任的经营实体。个人独资企业性质上属于非法人组织，具有团体人格的组织体属性。

（二）法律特征

1. 从组织结构形式上看，个人独资企业的出资人是一个自然人。该自然人应当具有完全民事行为能力，并且不能是法律、行政法规禁止从事营利性活动的人。国家机关、国家授权投资机构或国家授权部门、企业、事业单位等都不能作为个人独资企业的设立人。

2. 从责任形态上看，投资人以其个人财产对企业债务承担无限责任。投资人以家庭共有财产作为个人出资的，以家庭共有财产对企业债务承担无限责任。这是个人独资企业区别于有限责任公司和股份有限公司等企业形式的基本特征。

3. 从性质上看，个人独资企业不具有法人资格。个人独资企业没有独立的财产，企业的财产归投资人个人所有。这里的企业财产不仅包括企业成立时投资人投入的初始财产，还包括企业存续期间积累的财产。投资人是个人独资企业财产的唯一合法所有者。企业的责任就是投资人的责任。因此，个人独资人无独立承担民事责任的能力。个人独资企业虽然不具备法人资格，却是独立的民事主体，能够以自己的名义从事民事活动。

4. 从限制上看，法官、检察官、警察、现役军人等不能作为个人独资企业投资人。

三、合伙企业

（一）含义

合伙企业，又称为"合伙制企业"，是指自然人、法人和其他组织依照《中华人民共和国合伙企业法》在中国境内设立的，由两个或两个以上的自然人通过订立合伙协议，共同出资经营，共负盈亏，共担风险，并对合伙企业债务承担无限连带责任的营利性企业组织形式。

（二）法律特征

1. 合伙协议是合伙得以成立的法律基础。

如果说公司是以公司章程为成立基础的，那么合伙就是以合伙协议为成立基础的。但公司章程与合伙协议在性质上有很大的不同。公司章程是公司组织和行为的基本准则，是公司的"宪法"，具有公开的对外效力，其功能主要是约束作为法人组织的公司本身。而合伙协议是处理合伙人相互之间的权利义务关系的内部法律文件，仅具有对内的效力，即只约束合伙人。合伙人之外的人如欲入伙，须经全体合伙人同意，并在合伙协议上签字。

2. 合伙企业由全体合伙人共同出资，共同经营。

（1）出资是合伙人的基本义务，也是其取得合伙人资格的前提。与公司不同的是，合伙出资的形式丰富多样，比公司灵活。公司股东一般只能以现金、实物、土地使用权和知识产权四种方式出资，而合伙人除以上述四种方式出资外，还可以其他财产权利出资，如债权、技术等，也可以劳务的方式出资，只要其他合伙人同意即可。

（2）合伙人共同经营是合伙不同于公司的一大特征。公司的股东不一定都参与公司的经营管理，甚至不从事公司的任何营业行为；而普通合伙人必须共同从事经营活动，以合伙为职业和谋生之本。若相互之间无共同经营之目的与行为，则纵使有某种利益上的关联，也非合伙。如约定一方为另一方设定担保或基于约定由一方独立处理经营事务而另一方坐分利润，不参与经营，则均非合伙，而是其他法律关系。

（3）合伙从事的行为一般是具有经济利益的营业行为。无论是民事合伙还是商事合伙，合伙人的目的都是盈利。特别是，依据《中华人民共和国合伙企业法》成立的合伙企业，属于商事合伙的性质，从事营利性行为，是一种营利性组织。

3. 合伙人共负盈亏，共担风险，对外承担无限连带责任。

合伙人共负盈亏，共担风险，对外承担无限连带责任是合伙企业与公司的主要区别之一。公司股东按其出资比例和所持股份分享公司利润，当公司资不抵债时，股东只以其出资额为限或所持股份为限对公司债务承担责任。合伙人则既可按合伙人的出资比例分享合伙盈利，也可按合伙人约定的其他办法分配合伙盈利。当普通合伙企业的合伙财产不足以清偿合伙债务时，合伙人还需以其他个人财产来清偿债务，即承担无限责任。而且，任何一个合伙人都有义务清偿全部合伙债务（不管其出资比例如何），即承担连带责任。在有限合伙企业中，普通合伙人对合伙企业债务承担无限连带责任，有限合伙人则仅以其出资额为限承担有限责任。

四、公司制企业

（一）含义

公司制企业，又叫股份制企业，是指由1个以上投资人（自然人或法人）依法出资组建的，有独立法人财产的，自主经营、自负盈亏的法人企业。

（二）法律特征

1. 公司是一个由股东出资入股组成的法人团体，具有法人地位，按照一定规章制度成立，拥有独立财产，在其法人财产基础上独立从事经营活动，并能以自己的名义行使权利和承担责任与义务。

2. 所有出资人都只以自己的出资为限，对公司的债务负有限的清偿责任。即当公司入不敷出、资不抵债时，可以强制企业破产，但不管公司欠债多少，所有出资人都只以其投入企业的资本清偿债务，不再负有超过这一限额的债务清偿责任。因此，公司所有者完全不必担心企业破产会导致自身倾家荡产。而且，当个别股东发生股权转移或其他变动时，不会导致公司的解体，也不会影响公司的运营。因此，公司制企业有很好的存续性。

3. 公司由一个法人治理机构来统治和管理，即由企业所有者、董事会、总经理三者组成的机构来管理，三者形成一种合力，同时形成一定的制衡关系。通过这一形式，所有者将自己的资产交由公司董事会托管。公司董事会是公司的常设决策机构，拥有对高级经理人员的聘用、奖惩以及解雇权力。高级经理人员受雇于董事会，组成董事会领导下的总经理执行机构，在董事会的授权范围内经营企业。

（三）类型

1. 有限责任公司。

有限责任公司（Limited Liability Company）简称"有限公司"，是指根据相关规定登记注册，由50个以下的股东出资设立，每个股东以其认缴的出资额对公司承担有限责任，公司以其全部资产对其债务承担责任的经济组织。有限责任公司包括国有独资公司以及其他有限责任公司。

2. 股份有限公司。

股份有限公司（Stock Corporation）是指以公司资本为股份组成的公司，股东以其认购的股份为限对公司承担责任。设立股份有限公司，应当有2个以上

200个以下的发起人，注册资本的最低限额为500万元。因为所有股份公司均须是负担有限责任的有限公司（但并非所有有限公司都是股份公司），所以一般合称"股份有限公司"。股份公司产生于18世纪的欧洲，19世纪后半期广泛流行于世界资本主义各国。截至目前，股份公司在资本主义国家的经济中占据统治地位。①

实训二　企业选址调研及注册条件

【实训目标】

了解新企业选址的原则和要点，学会理性分析如何进行创业选址。

【实训流程】

流程一　阅读麦当劳的选址策略及商圈调查分析

选址是否正确，是决定店铺日后能否赚钱的条件之一。1990年，美国最大快餐连锁品牌麦当劳进入我国内地市场，于深圳开设首间分店。直至今天，麦当劳在内地的扩张脚步快速迈进，已建立逾2500间分店。麦当劳的成功，除品牌优势外，更因在选址方面具敏锐目光，进驻的是具有发展潜力的地区。难怪内地有不少零售企业，愿意在麦当劳旁开店。让我们看一看麦当劳的选址策略。

麦当劳的目标消费群是家庭和年轻人，所以在选址上，人潮聚集是最主要的考虑因素。例如，旺区的儿童用品商店或青少年运动连锁店附近，便会积极进驻；至于繁忙地铁站的周边，在不同的出口，也会设置分店，为顾客提供方便，还会以频密的网络抢攻来自四方八面的顾客。

做生意是长线的投资，所以在拣选落脚地时，麦当劳都会做市场调查，对地点做为期3~6个月的严密考察。考察的内容，包括进驻城市的规划与发展、人口变动、消费和收入水平等。如果发现是老化的城市，则会打退堂鼓。相反，若有兴建中的新型住宅区、学校和商场等，则会将其纳入考虑的范围。

麦当劳也会在商场等的一楼设店，而设店位置往往靠近玻璃窗，以落地玻璃窗反映顾客在店内的消费行为，借此吸引街外顾客的目光，以取得视觉上的优势。

虽然不少品牌都希望抢得黄金铺位，但昂贵的租金往往在营运成本上占了

---

①赵威. 经济法：第4版［M］. 北京：中国人民大学出版社，2012.

很大比重。麦当劳在内地的对策是不打"急进牌",例如在上海市松江区和金山区,便先发展其他二线据点,打响知名度和凝聚人流后,吸引代理高价店铺的地产商招手,然后再做出议价行动,这样才能获得投资回报。

麦当劳在百货公司也会开店中店,以吸引喜欢逛百货公司的顾客,尤其倾向于在知名度高的品牌旁边开店,以达到优势互动的好处。至于年轻人喜欢逛的购物商场,也会带来稳定的客源。

麦当劳的商圈调查

麦当劳市场目标的确定需要通过商圈调查。在考虑餐厅的设置前,必须事先估计当地的市场潜能。

1. 确定商圈范围。

麦当劳把在制定经营策略时确定商圈的方法称作"绘制商圈地图",商圈地图的绘制首先要确定商圈范围。

一般来说,以这个餐厅为中心,以1~2千米为半径,画一个圆,这便是它的商圈。如果这个餐厅设有汽车走廊,则可以把半径延伸到4千米,然后把整个商圈分割为主商圈和副商圈。

商圈的范围一般不要越过公路、铁路、立交桥、地下通道、大水沟,因为顾客不会在这些不方便的地方购物。

商圈确定以后,麦当劳的市场分析专家便开始分析商圈的特征,制定公司的地区分布战略,即规划在哪些地方开设多少餐厅为最适宜,从而达到通过消费导向去创造和满足消费者需求的目标。

因此,商圈特征的调查必须详细统计与分析商圈内的人口特征、住宅特点、集会场所、交通和人流状况、消费倾向、同类商店的分布,对商圈的优缺点进行评估,并预计设店后的收入和支出,对可能净利进行分析。

在商圈地图上,他们最少要注上下列数据:

(1) 餐厅所在社区的总人口、家庭数;

(2) 餐厅所在社区的学校数、公司数;

(3) 构成交通流量的场所(包括百货商店、大型集会场所、娱乐场所、公共汽车站和其他交通工具的集中点等);

(4) 餐厅前的人流量(应区分平日和假日)、人潮走向;

(5) 有无大型公寓或新村;

(6) 商圈内的竞争店和互补店的店面数、座位数与营业时间等;

(7) 街道的名称。

2. 进行抽样统计。

在分析商圈的特征时，必须在商圈内设置几个抽样点，进行抽样统计。抽样统计的目的是取得基准数据，以确定顾客的准确数字。

抽样统计可将一周分为三段：周一至周五为一段；周六为一段；周日和节假日为一段。从每天早晨7时开始至午夜12点结束，以每两个小时为单位，计算通过的人数、汽车数和自行车数。人数还要进一步分类，然后换算为每15分钟的数据。

3. 实地调查。

除进行抽样统计外，还要进行对顾客的实地调查，或称作"商情调查"。实地调查可以分为两种：一种以车站为中心，另一种以商业区为中心。同时，要提出一个问题：是否还有其他的人流中心。答案当然应当从获得的商情资料中去挖掘。以车站为中心的调查可以是到车站前记录车牌号码，或乘公共汽车去了解交通路线，抑或从车站购票处取得购买月票者的地址。以商业区为中心的调查，需要调查当地商会的活动计划和活动状况，调查抛弃在路边的购物纸袋和商业印刷品，看看人们常去哪些商店或超级市场，从而准确地掌握当地的购物行动圈。通过访问购物者，调查他们的地址，向他们发放问卷，了解他们的生日。

然后，把调查得来的所有资料一一载入最初画了圈的地图。将这些调查得来的数据以不同颜色标明，最后就可以在地图上确定选址的商圈。

流程二 通过分析麦当劳的选址策略，总结食品行业的选址技巧

流程三 模拟确定自己的行业领域，掌握企业选址的原则、方法

不同类型企业选址差异

企业	选址时应考虑的因素	原因
零售企业		
加工企业		
制造企业		
休闲娱乐企业		
住宿餐饮企业		
交通运输企业		
……		

小贴士

新企业选址的原则

一、匹配行业定位

企业经营场所的选择和行业密切相关，各行各业都有不同的特点和消费对象，黄金地段不一定是最好的选择。如果经营的是日化、副食等快速消费品，就要选择在居民区或社区附近；如果经营的是家具、电器等耐用消费品，就要选择在交通便利的商业区。因此，企业选址关键要根据行业特点。

二、依据经营内容

店铺销售的商品种类不同，其对店址的要求也不同。有的店铺要求开在人流量大的地方，如服装店、小超市。但并不是所有店铺都适合开在人山人海的地方，如保健用品商店和老人服务中心，就适宜开在偏僻、安静一些的地方。

三、靠近消费群体

新企业的选址要考虑自己的目标消费群体，即企业主要是面向普通大众消费群体，还是面向中高阶层消费群体。简单来讲，就是要选择能够接触较多目标消费群体的地方。通常情况下，大多数店铺适合设在人流量比较大的街区，特别是当地商业活动比较频繁、商业设施比较密集的成熟商圈。但有的店面开在闹市区还不如开在相对偏僻一些的区域，如卖油盐酱醋的小店，开在居民区内的生意肯定比开在闹市区好；文具用品店，开在黄金地段不如开在学校附近。车站附近适合开小吃店、副食品店、特产商品店、旅馆、饰品店、快餐店、物品寄存处等。学校附近适合开书店、文具用品店、鲜花礼品店、饰品店、洗衣房、复印店、照相馆等。居民住宅小区附近适合开米店、杂货店、发廊、报刊亭、裁缝店、托儿所、服装店、水果店等。

四、遵循价值链环节

同一产业的企业如所处价值链环节不同，企业选址考核的侧重点也随之而异。总部基地、研发中心的选址，更关注政府因素的影响，包括政府服务水平、政策导向、营造的投资环境，如人才及教育资源是否富足、风险投资的供给情况，布局上偏好聚集在大城市或新兴城市；制造型企业的选址，更关注成本因素的影响，如土地、能源、劳动力等资源是否能够容易以较低的成本获取，加之城市规划的影响，因而其在区位分布上有逐渐迁出市中心，在城市周边布局的趋势；营销及售后服务企业的选址，则更多考虑市场的因素，如区域内消费者的消费水平、市场潜力、同业竞争状况，在区位的选择上也会更贴近市场，以提升服务效率，更快地响应市场需求的变化。

五、关注政府政策

企业选址不仅需要重点考虑企业投资所需的运营成本，还需要关注政府因素的影响。例如，政府是否鼓励该产业的发展，是否已通过产业规划、财税政策、人才培养等多种途径保障该产业的发展，能否提供高效优质的服务，乃至是否有一定的政府采购市场。

实训三　企业工商注册程序

【实训目标】

熟悉创办企业相关的法律知识，学会规避创办企业过程中可能遇到的风险。

【实训流程】

流程一　分组确定模拟公司的性质，准备相关材料

流程二　了解和掌握工商注册的步骤

流程三　下列说法是否正确

1. 一人有限责任公司股东应一次足额缴纳全部出资额。

2. 除了对公司注册资本最低限额另行规定的，取消了有限责任公司、一人有限责任公司、股份有限公司最低注册资本分别应达3万元、10万元、500万元的限制；不再限制公司设立时股东（发起人）的首次出资比例以及货币出资比例。

3. 企业名称（Corporate Name）与自然人名称相对。企业名称是作为法人的公司或企业的名称，该名称属于一种法人人身权，不能转让，随法人存在而存在，随法人消亡而消亡。

4. 构成企业名称的基本要素是行政区划、行业或经营特点、组织形式。

5.《中华人民共和国民法通则》规定："企业法人应当在核准登记的经营范围内从事经营。"这就从法律上规定了企业法人经营活动的范围。经营范围一经核准登记，企业就具有了在这个范围内的权利能力，同时要承担不得超越范围经营的义务。一旦超越，不仅不受法律保护，而且要受到处罚。核定的企业经营范围是区分企业合法经营与非法经营的法律界限。

实训四 模拟设计组织结构

【实训目标】

了解组织结构,学会设计组织结构。

【实训流程】

流程一 确定组织目标

流程二 划分成员分工

流程三 选择组织结构类型

流程四 确定岗位职责

小贴士

企业组织结构设计

组织结构设计是组织工作的内容之一。组织结构设计,应该明确组织中谁去做什么,谁要对什么结果负责,并且要消除由分工不明而造成的工作中的障碍,还要提供能反映与支持企业目标的决策和沟通。

一、组织目标

组织目标是团队存在的前提。它往往通过组织战略影响组织结构。研究表明,由于组织资源有限,各组成员执行体现企业发展战略导向,要确定公司做什么、怎么做以及实现怎样的阶段目标。如果组织的目标以保障低成本效率为关联,那么采用职能式部门划分,才能得到最终有效的结果。

二、组织规模

组织规模是影响组织的一大因素。一般而言,组织规模越小,开始时应倾向于采取简单的组织结构形式,因为配合的人员较少,所以不需实行太多的分权。创业初期的企业往往采取简单的组织结构形式,待企业规模不断扩大,协同需要协调的人员不断增加后,组织结构也将随之变得复杂起来。大型集团公司往往采取复杂的组织结构形式,如矩阵制或事业部制,以此来实行分权以保持较高的效率。

三、组织环境

企业面临的环境特点,对组织结构中职权的划分和组织结构的稳定有较大影响。

环境对组织的影响在于,环境为组织提供养分,同时对组织结构和组织行为进行限制。组织在环境中的生存与自然界的适者生存一样,环境依据组织结构的特点以及与环境是否适应来选择或是淘汰一些组织。如果环境发生变化,组织就要相应发生变化来适应这种变化的环境,否则组织就会被淘汰,最优的组织与组织环境有关。如果组织环境变化了,此环境中的组织就会通过调整其决策权及内部控制系统来适应环境的变化。如果组织的环境灵活多变,则环境变化频繁,应采用更大的分权化和理性的组织结构形式。

四、技术

技术是组织变革中最核心的力量。技术对组织结构的影响在于,技术不仅改变了生产方式,而且促使了组织内外信息交流速度加快。技术在组织的演进过程中发挥了非常重要的作用,所以技术是组织变革中的关键要素,影响组织的演进,因此一定要选择与技术类型相匹配的组织类型。成功的企业是那些能够根据技术要求而采取合适的结构安排的企业,常规技术需要高度结构化的组织;反之,非常规技术需要组织结构具有更大的灵活性。机械制造技术使得生产效率大大提高,因而带来了组织规模的迅速扩大。受管理幅度理论的指导,组织层次垂直增加,垂直金字塔组织由此产生。

实训五 新产品研发初步设计

【实训目标】

了解新产品开发的内容和意义,学会完成初步设计方案。

【实训流程】

流程一 学习确定新产品研发依据

市场痛点	解决方案	设计依据

流程二 新产品用途及适用范围

产品	用途	客户画像

流程三　关键技术总结

产品关键参数	解决途径	当前阶段

流程四　开发进程安排

产品内容	负责部门人员	时间安排	备注

小贴士

　　市场需要细分，因此产品就需要进行精准定位，而明确产品的核心至关重要。这项工作看似简单，实际操作起来却充满挑战。它的第一层含义是客户的需求是什么，第二层含义是这些客户在哪里。对于大众消费品，明确核心定位似乎容易，因为大众是整个人群，那么超市是整个人群都会光顾的地方，所以无论定位的是什么样的人群，产品只要放到超市里，就能接触到你的潜在客户。超市货架上的几十种牛奶，相信每一种都是针对某一类客户群而存在的。

　　华为P30刚上市的时候，主打的广告介绍其有50倍连续放大的照相功能，很让人动心。但实际操作了一下，在放大倍数很大的情况下，手持对焦并不十分容易。大家都有用望远镜的经验，一般望远镜也就是10~20倍，还是手动对焦，焦距不容易随着场景的变换而变动。虽然很多人基本都不怎么使用这个功能，但从高科技的角度来看，这个功能确实厉害。我们只能理解为当初这个功能设定就是为了增加这款手机的高科技感。如果是一个没有市场名气的公司，这样的功能就不一定会为这款产品带来很好的市场预期。

　　例如，一家做无人机的公司，他们可以将无人机控制得非常好，拍照效果和后台数据的处理也非常好。当详细地询问他们的主攻市场时，你会发现他们好像没有主攻市场，哪里都能用，这又是一个典型的以技术为主导产生的公司。他们的问题是，潜在客户是商业机构，但不是十分了解这些商业机构的业务流程和采购流程，不了解现有技术手段的优缺点和使用成本，这样的技术是不能被称为"产品"的，最多也只能被称为"技术研究成果"，离真正的产品还有很长一段距离。

　　除突破尖端技术以外的项目，几乎所有产品都需要进行设计，要明白产品针对的客户群是什么，需要解决他们的什么问题，客户愿意付费的价格区间是多少，客户群在哪里，产品信息和物流怎么到达他们那里。这些问题虽是传统市场学的概念，但说起来容易做起来难，尤其是改变一个社会的固有观念则更难。我们的市场阶段混杂着两种形态，很多时候是靠着一些尝试才逐渐找到自己的市场的，现在市面上的互联网公司，大部分是在这种情况下起来的。但随着市场的深耕和演进，市场的划分会越来越细，不事先做市场定位的产品，很难再有立足之地，单靠市场实验的办法，公司是承担不起的。

实训六　个人融资资源盘点

【实训目标】

1. 了解个人创业资金准备条件。
2. 分析适合自己项目的融资方式。

【实训流程】

流程一　启动资金预估

项目	所需资金
人力	
固定资产	
产品研发	
流动资金	

流程二　资金来源评价

资金类型	可能的金额
自有资金	
团队成员出资	
父母出资	
亲朋好友借款	
风险投资	
银行贷款	
大学生创业基金	

小贴士

启动资金，是指开办企业必须购买的物资和必要的其他开支的总费用。创业都是要成本的，就算是最少的启动资金也要包含一些最基本的开支。在创业过程中，如何预测启动资金需求量和创业资金从何而来，是每一个创业者应深思的问题。

一、启动资金的类型

1. 固定资产投资。固定资产投资是指为企业购买的价值较高、使用寿命较长的东西。有的企业用很少的投资就能开办，如零售业、服务业等的企业；而有的企业却需要大量的投资才能启动，如生产制造业企业。因此，创业者应根据企业的法律形态和自身情况以最少的资金投入，获得最高的固定资金利用率，让企业少担风险。

2. 流动资金。流动资金是指企业维持日常运转所需要支出的资金。

二、固定资产投资预测

固定资产投资是企业开业时必备的投资，而且其回收期较长，不是一两年而有可能是几年后才能收回这笔钱，但作为创业者，必须在创业之初对此项支出做出合理预算才能保证企业顺利开业。这项投资一般包括场地、建筑物和设备。

1. 场地、建筑物。一是租用办公室或生产厂房，二是购买现成的办公室或生产厂房，三是自己建筑需要的办公室或生产厂房。

2. 设备。设备是指企业需要的所有机器、工具、工作设施、车辆、办公家具等。

三、流动资金预测

企业需要进行生产运营，但没有原材料、员工、充足的货币资金做保证，也不能正常进行生产运营。因此，流动资金需求量也是创业者必须考虑的。创业之初，企业所需流动资金一般包括以下几种。

1. 原材料和库存商品。俗话说"巧妇难为无米之炊"，无论是生产企业、服务业企业，还是商业企业，都必须有足够的库存保证生产和运营顺利进行。预计的库存越多，所需要的采购资金也越多。因此，要将库存降到最低限度，以保证流动资金的流动性。

2. 人工费。人工费是指用人单位依据国家有关规定和劳动关系双方的约定，以货币形式支付给员工的劳动报酬，如月薪酬、季度奖、半年奖、年终奖。但依据法律、法规、规章的规定，由用人单位承担或者支付给员工的下列费用也应计入人工费预测中：一是社会保险费，二是劳动保护费，三是福利费，四是用人单位与员工解除劳动关系时支付的一次性补偿费等。此项支出也是流动资金中重要的支出。

3. 日常工作支出。企业为了维持正常的运营，除相关的场地、原材料、库存商品和员工费用支出外，还有相关的办公支出，包括电话费、网络费、招待费等。这些费用在现代企业中也包括在日常工作支出中。

4. 广告费用。一个新的企业，为了让外界了解其自身以及产品，应扩大宣传，树立企业形象，促销企业产品，就会相应地有广告宣传和广告支出，产生广告费用。

5. 场地租赁费。如果企业的经营场地或设备是租赁来的，那么在企业开办之初应支付相应的租赁费。租金一般是按季或按年预付，因而会占用更多的流动资金。

6. 其他费用。企业的日常经营需要大量的流动资金，除以上所列的之外，企业还可能发生许多其他支出，如差旅费、设备维护费、车辆使用费等，这些都会占用一定量的流动资金。

模块十七　新企业的管理与运行

企业要想在激烈的市场竞争中求生存、谋发展，就必须自觉地从实际出发，对企业的未来做出总体运筹和谋划，制定并实施企业的发展战略，科学和合理地掌握好人事、财务等职能，对企业内部做好规范化管理。当前社会市场经济的竞争愈演愈烈，企业要想在市场竞争中占有优势，就必须不断提升自己的核心竞争力。正确的企业发展战略对一个企业的发展起着决定性作用，企业的战略管理主要是将利益放在未来的发展阶段，这样才是最科学的发展措施。在管理过程中，企业应该重视现实社会的发展，注重内外环境的结合，以便更好地稳定企业的长效发展。

实训一　撰写企业成长战略管理方案

【实训目标】

熟悉和掌握新企业成长过程中，战略管理方案制定的重要性和意义。

【实训流程】

流程一　5~7人一组，按照下表分组制定自身团队企业的未来发展规划等

类别	内容	原因
公司1~3年战略规划		
公司制定的盈利模式		
公司定位		
公司价值观		

流程二 各组之间互评方案可行性及存在的不足

小贴士

现代企业之间竞争激烈，在经济形势复杂多变的情况下，研究制定企业的经营战略并据此制定中长期规划，对企业的发展至关重要。从企业发展的角度来看，企业今天的行动是为了执行昨天的战略，企业今天制定的战略正是为了明天更好地行动。企业领导要高瞻远瞩，面向未来，把握主动权，特别是企业高层管理者应当把自己的主要精力集中到制定和实施企业的经营战略上来。在美国进行的一次调查中，有90%以上的企业家认为，"最占时间、最为重要、最为困难的事就是制定战略规划"。由此可见，经营战略已成为许多企业取得成功的重要因素，这些企业已进入了"战略制胜"的时代。

企业战略本质上是人们为了控制企业在一定时期内的发展，对企业各种根本趋势及对各种根本趋势起决定作用的因果关系做出能动反应的结果，是指导企业实现某种根本趋势的行为准则和目标。认识企业战略，要求我们具有时间观念和系统观念。首先，企业战略的着眼点不是当前而是未来。要在正确认识过去和现在的基础上，通过科学预见、高瞻远瞩，谋划未来的发展趋势。其次，企业战略关心的是有关组织整体和全局的问题。战略问题的核心是研究关系组织发展全局的指导规律。要通观全局，掌握总体的平衡发展，不拘于局部利益和眼前利益。另外，企业战略具有不同的类型、层次和结构。例如，从类型角度来看，企业战略包括单一化战略和多元化战略等；从层次角度来看，企业战略包括公司战略、业务战略和职能战略；从结构角度来看，企业战略包括战略制定与战略实施等阶段和步骤。由此可见，企业战略是一个复杂的系统，管理学者由于研究的角度和重点不同，给出的企业战略的定义也可能不一样，但对我们掌握企业战略的本质都有着重要的参考价值。

战略实施——采取一定的步骤、措施，发挥战略的指导作用，实现预期战略目标。

战略管理的3个部分可具体化为以下9个操作步骤：

（1）确定企业使命和目标；

（2）观测环境；

(3) 发现机会和威胁；
(4) 分析企业的资源；
(5) 识别优势和劣势；
(6) 重新评价企业的使命和目标；
(7) 选择和制定战略；
(8) 实施战略；
(9) 评价结果。

实训二 企业成长创新管理案例分析

"康师傅"方便面的发迹，与其名字的新颖性、独特性分不开，"康师傅"这个名字从社会消费心理出发，巧妙浓缩了"健康"和"师傅"这两个词语的含义，独辟蹊径，圆了企业树立独特形象的美梦。"康师傅"值得借鉴的一条成功经验是企业产品的"入乡随俗"。一个企业的成功必须依赖于拳头产品，因地制宜、入乡随俗不失为一良策。统一集团的决策者认为，只要把在台湾畅销的方便面端到大陆来，大陆民众就一定欣喜若狂，"争吃为快"，结果却是一厢情愿。"康师傅"坚持"到什么山上唱什么歌"的原则，生动形象地演绎了"入乡随俗"的古训。

不同的国家、民族对图案、颜色、数字、动植物等都有不同的喜好和不同的使用习惯，像中东地区严禁带六角形的包装；英国忌用大象、山羊装潢图案；墨西哥人视黄花为死亡，红花为晦气，而喜爱白花，认为其可驱邪；德国人忌用核桃，认为核桃是不祥之物；匈牙利人忌讳"13"；日本人在数字上忌用"4"，还忌荷花、梅花图案，也忌用绿色，认为不祥；南亚有一些国家忌用狗图案做商标；在法国，"仙鹤"是蠢汉和淫秽的代称，法国人还特别厌恶墨绿色，这是基于对第二次世界大战的痛苦回忆；新加坡华人很多，所以对红色、绿色、蓝色都比较喜爱，但视黑色为不吉利，还有在商品上不能用如来佛的形态，禁止使用宗教语言；中国港台商人忌送茉莉花和梅花，因为"茉莉"与"末利"同音，"梅花"与"霉花"同音。我国是一个多民族国家，各民族都有自己的风俗习惯。例如，蒙古族喜穿蒙袍，住蒙古包，饮奶茶，吃牛羊肉，喝烈性酒；朝鲜族喜食狗肉、辣椒，穿色彩鲜艳的衣服，食物上重素食。

企业营销者应了解和注意不同国家、民族的消费习惯与爱好，要入乡随俗。可以说，这是企业搞好战略营销尤其是国际经营的重要条件。如果不重视各个国家、各个民族之间的文化和风俗习惯的差异,就可能造成难以挽回的损失。

流程二 分析"康师傅"的企业定位

流程三 从"康师傅"的运营方式中总结其相对于竞争对手的优势、劣势

流程四 归纳总结可以借鉴的要点

实训三 企业人力资源管理

【实训目标】

了解和熟悉企业人力资源的内容、意义。

【实训流程】

流程一 阅读案例

A公司是一家中等规模的私有企业,有员工2000余人。该公司主要从事电信行业,连续多年保持高利润、高增长的发展趋势,未来发展前景好。在当今激烈的市场竞争中,公司提出以人为动力的"人本原则",倡导"沟通、合作、团队、奋斗"的企业文化。

小张今年29岁,获得工商管理硕士(MBA)学位后,进入A公司工作,担任人事部经理。在此之前,他曾在一家设备安装公司做过3年的人力资源管理工作。现在,他准备到新公司好好干一番事业。

A公司人事部有40多名员工,相对于全公司而言,大体是一个人事员工对应50名普通员工。人事部有多名职能主管,分管薪酬设计、人员招聘和培训开发以及绩效考核工作。

小张到任之后不久便发现了问题。比如,公司各部门的工作很少有"规划",每个员工的工作都没有明确分工,一份工作可以由甲干,也可以由乙干,全凭各人的技能和兴趣。有不少个人能力强于本人职务要求的雇员为此感到不快。当问及公司为何如此时,回答是:"一开始就是这样的。" 另外,人事部仅有一半员工具备人力资源及相关专业的学历,仅有1/4的员工具备人力资源管理经验。除此之外,很多员工都是由普通员工转任或提升上来的。人事部的四名主管,一名原先是图书馆管理员,另一名是办公室秘书,还有两名主管虽

然有人事工作经验，但又都没有专业学历。至于四名主管手下的员工，专业学历更是五花八门。

公司内部其他职能部门的员工，拥有公认的学历与相关的工作经验后，就获得了一种"资历"，这些拥有"资历"的员工可以对新员工进行业务上的指导和帮助。在人事部一般无人具备这种"资历"，所以很少有人能对新员工进行帮助和指导，大家都是各干各的，彼此很少沟通。尽管人事部的工作任务非常繁重，但其他部门似乎并不满意，总认为人事部不能及时对他们的要求做出反应。而且，人事部对公司的战略规划了解甚少，人事部的决策也很难对公司的大政方针产生影响。

小张的前任小王在担任人事经理的任期内，员工工资涨幅不大，员工不满情绪日益高涨。小王也曾向公司总裁提出调整雇员工资标准的方案，并建议公司适当修改一下薪资制度。总裁虽然表示可以考虑，但至今没有动静。

小张认为，公司的实际情况与他先前所想象的大不相同。但仔细想想，自己又不能对此提出太多异议。公司的每项制度与管理方式都有自己的传统，小张还不敢说这些传统有多么不好，况且，目前公司运转情况还是不错的。

正当他犹豫不决时，他无意中听到财务部经理在训斥一名雇员："你最近怎么搞的？连连出错！这样下去对你没什么好处！你知道吗，像你这样，即使送你去人事部，恐怕人家也不要你！"

小张听后，心里很不是滋味。他该怎样强化人事部的职能作用呢？

流程二 你认为A公司人力资源管理上存在哪些问题

流程三 小张应怎样强化人事部的职能作用

小贴士

在现代企业管理中，人力资源管理是指在经济学与人本思想的指导下，通过招聘、甄选、培训、支付报酬等管理形式，对组织内外相关人力资源进行有效运用，满足组织当前及未来发展的需要，保证组织目标的实现与成员发展的最大化的一系列活动的总称。

人力资源管理工作的改善，首先需要企业相关领导和工作人员提高对人力资源管理工作的认识。人力资源管理相关工作人员要及时将企业人员绩效考核提交相关领导，对员工工作能力进行评价，将员工工作问题及时进行汇报，从而让企业领导认识到员工工作能力对企业发展的重要性，促进企业领导对人力资源管理工作的重视，及时下发相关人才的招聘文件，从而保证人才数量跟上企业发展步伐，最大限度保证新引进人才的质量水平。

企业人力资源薪酬分配合理化的操作方式如下。首先，对企业的员工进行全面分析，确定员工的能力、潜力、贡献、资质、工作量等，进行等级划分。其次，结合企业的现状、企业未来人才的需求发展、企业的实际能力等，进行人力资源薪酬的重新分配，保证员工的付出与回报相对等，向员工传达一个概念，即多劳多得，付出终有回报。合理的薪酬能维持员工的工作积极性，员工工作的动力增加，员工的工作态度会越发端正，工作认真程度提升，工作的失误将逐步减少。同时，人才能力体现的平台更宽阔，人才的能力在不断锻炼过程中逐步强化，这使得企业人力资源整体结构更优质、更稳定。能力、表现不佳的员工薪酬会大幅降低，实现薪酬分配的相对公平，能够保证企业良性竞争环境的形成。员工将所有的心思都放在工作上，工作的质量以及效率也会节节攀升，企业发展的目标也能够进一步提高，企业的收益也会大幅提升，形成企业与人才之间的共赢局面。最后，企业人力资源落实切实化。具体操作就是企业设置固定的、标准的福利，确定福利的时间，并且及时落实，不仅能够让员工感受到企业福利待遇，还能够让员工感受到企业的优质性，对企业心存好感，提升员工对企业的归属感。

企业可以通过加大内部培训力度，不断提升员工的专业技能和个人素质，而且，培训不仅是企业发展的实际要求，也是员工个人成长的要求。所以，企业必须对培训体系进行优化，从而保证培训的效果。针对高层员工和高端技术人才，应该投入更多的培训资金，让高精尖的人才获得进一步发展，不断提升企业核心人才的综合素质。

实训四　初步了解财务管理知识

【实训目标】

1. 由于财务管理是一个非常复杂的系统工程，本模块的训练只能让同学们对财务管理涉及的内容有一个浅显了解。

2. 了解财务控制制度涵盖的内容。

【实训流程】

流程一　了解财务管理的目标，找到下列目标的具体含义

产值最大化：

_____

利润最大化：

_____

股东财富最大化：
_____

企业价值最大化：
_____

相关方利益最大化：
_____

流程二 整理企业内部财务制度主要包括的内容

资金管理制度包括：
_____

成本管理制度包括：
_____

利润管理制度包括：
_____

小贴士

公司财务管理制度（范本）
第一章 总则

第一条 为加强财务管理，规范财务工作，促进公司经营业务的发展，提高公司经济效益，根据国家有关财务管理的法规制度和公司章程有关规定，结合公司实际情况，特制定本制度。

第二条 公司会计核算遵循权责发生制原则。

第三条 财务管理的基本任务和方法：（一）筹集资金和有效使用资金，监督资金正常运行，维护资金安全，努力提高公司经济效益。（二）做好财务管理基础工作，建立健全财务管理制度，认真做好财务收支的计划、控制、核算、分析和考核工作。（三）加强财务核算的管理，以提高会计资讯的及时性和准确性。（四）监督公司财产的购建、保管和使用，配合综合管理部定期进行财产清查。（五）按期编制各类会计报表和财务说明书，做好分析、考核工作。

第四条 财务管理是公司经营管理的一个重要方面，公司财务管理中心对财务管理工作负有组织、实施、检查的责任，财会人员要认真执行《中华人民共和国会计法》，坚决按财务制度办事，并严守公司秘密。

第二章 财务管理的基础工作

第五条 加强原始凭证管理，做到制度化、规范化。原始凭证是公司发生的每项经营活动不可缺少的书面证明，是会计记录的主要依据。

第六条 公司应根据审核无误的原始凭证编制记账凭证。记账凭证必须具备：填制凭证的日期，凭证编号，经济业务摘要，会计科目，金额，所附原始凭证张数，填制凭证人员、复核人员、会计主管人员签名或盖章。收款和付款记账凭证还应当由出纳人员签名或盖章。

第七条 健全会计核算，按照国家统一会计制度的规定和会计业务的需要设置会计账簿。会计核算应以实际发生的经济业务为依据，按照规定的会计处理方法进行，保证会计指标口径一致、相互可比和会计处理方法前后相一致。

第八条 做好会计审核工作，经办财会人员应认真审核每项业务的合法性、真实性、手续完整性和资料准确性。编制会计凭证、报表时应经专人复核，重大事项应由财务部门负责人复核。

第九条 会计人员根据不同的账务内容定期对会计账簿记录的有关内容与库存实物、货币资金、有价证券、往来单位或个人等进行相互核对，保证账证相符、账实相符、账表相符。

第十条 建立会计档案，包括对会计凭证、会计账簿、会计报表和其他会计资料都应建立档案，妥善保管。按《会计档案管理办法》的规定进行保管和销毁。

第十一条 会计人员工作变动或离职，必须将本人所经管的会计工作全部移交给接替人员。会计人员办理交接手续，必须有监交人负责监交，交接人员及监交人员分别在交接清单上签字后，移交人员方可调岗或离职。

第三章 资本金和负债管理

第十二条 资本金是公司经营的核心资本，必须加强资本金管理。公司筹集的资本金必须聘请中国注册会计师验资，根据验资报告向投资者开具出资证明，并据此入账。

第十三条 经公司董事会提议，股东会批准，可以按章程规定增加资本。财务部门应及时调整实收资本。

第十四条 公司股东之间可相互转让其全部或部分出资。股东应按公司章程规定，向股东以外的人转让出资和购买其他股东转让的出资。财务部门应据实调整。

第十五条 公司以负债形式筹集资金，须努力降低筹资成本，同时应按月计提利息支出，并计入成本。

第十六条 加强应付账款和其他应付款的管理，及时核对余额，保证负债的真实性和准确性。凡一年以上应付而未付的款项应查找原因，对确实无法付出的应付款项报公司总经理批准后处理。

第十七条 公司对外担保业务，按公司规定的审批程式报批后，由财务管理中心登记后才能正式对外签发。财务管理中心据此纳入公司或有负债管理，在担保期满后及时督促有关业务部门撤销担保。

第四章 流动资产管理

第十八条 现金的管理：严格执行国务院发布的《现金管理暂行条例》，根据本公司实际需要，合理核实现金的库存限额，超出限额部分要及时送存银行。

第十九条 严禁白条抵库和任意挪用现金，出纳人员必须每日结出现金日记账的账面余额，并与库存现金相核对，发现不符要及时查明原因。财务管理中心经理对库存现金进行定期或不定期检查，以保证现金的安全和完整。公司的一切现金收付都必须有合法的原始凭证。

第二十条 银行存款的管理：加强对银行账户及其他账户的保密工作，非因业务需要不准外泄，银行账户印鉴实行分管、并用制，不得一人统一保管使用。严禁在任何空白合同上加盖银行账户印鉴。

第二十一条 出纳人员要随时掌握银行存款余额，不准签发空头支票，不准将银行账户出借给任何单位和个人办理结算或套取现金。在每月末要做好与银行的对账工作，并编制银行存款余额调节表。对未达账项进行分析，查找原因，并报财务部门负责人。

第二十二条 应收账款的管理：对应收账款，每季末做一次账龄和清收情况的分析，并报有关领导和分管业务部门，督促业务部门积极催收，避免形成坏账。

第二十三条 其他应收款的管理：应按户分页记账，要严格个人借款审批程式，借款的审批程式是借款人→部门负责人→财务负责人→总经理。借用现金必须用于现金结算范围内的各种费用专案的支付。

第二十四条 短期投资的管理：短期投资是指一年内能够并准备变现的投资，短期投资必须在公司授权范围内进行，按现行财务制度规定记账、核算收入成本和损益。

实训五 树立财务管理理念

财务管理的重要性，相信每个企业都有十分清楚的认识。财务管理贯穿企业经营和管理的各个方面、各个环节。可以毫不夸张地说，在企业的各项经营活动中，以财务管理最为重要。财务是整个企业管理的核心，是整个企业管理的"牛鼻子"，搞好财务管理，许多问题就会迎刃而解。

刚刚创业的大学生并不会涉及这么复杂的财务管理内容，但树立财务管理理念也是企业走上正轨的必要准备。

【实训目标】

1. 初步了解企业财务管理涵盖的内容。
2. 树立财务管理理念。

【实训流程】

流程一 熟悉企业财务管理涵盖的内容

_____

流程二 分析自身团队财务方面的不足

_____

流程三 如何解决团队财务管理经验不足的问题

_____

流程四 实时掌握本地财税减免政策,你所在地区的减免政策有哪些

_____

小贴士

一、财务管理的定义、内容和特点

财务管理,是指在一定的整体目标下,关于资产的购置(投资)、资本的融通(筹资)和经营中现金流量(营运资金),以及利润分配的管理。财务管理是企业管理的一个组成部分,它是根据财经法规制度,按照财务管理的原则,组织企业财务活动,处理财务关系的一项经济管理活动。简单地说,财务管理是组织企业财务活动,处理财务关系的一项经济管理工作。

二、加强企业财务管理,在企业推行全面预算管理

为提高企业整体经济效益,将企业管理的职能化整合为企业管理的整体化,全面预算将联合管理、联合行动,大大提高管理效率,从而增进企业经济效益。

全面预算实行自上而下、自下而上、上下结合的主动性编制方法。根据下达需要完成的年度利润指标,财务人员测算产品的销售毛利(计算单位产品的生产成本以及与销售人员结合市场情况确定出销售单价),以及年度费用总体预算,从而测算出为完成利润指标所要达到的最低销售任务。

三、经营数据分析报告的重要性

进行财务数据分析发现数据有无差异和异常,为财务管理层经营决策提供了参考。利用这些数据,让这些数据在企业经营过程中产生价值,为企业管理层的经营决策提供参考,会计电算化和不少办公软件为我们快捷方便地进行数据分析提供了可能。我们认为作为一个财务管理者,至少每季度都要为企业高层出具一份经营数据分析报告。

四、加强财务在企业中的内控管理

为企业财务管理层当好参谋。财务作为企业核算中心,有很多内控管理与财务息息相关,现代企业管理要求财务人员不应整天坐在办公室里处理账务,更多时候应走出去,参与企业的经营管理过程。

按照管理主体,财务管理可分为宏观财务管理、部门财务管理、公司财务管理、非盈利组织财务管理、家庭财务管理等。它是一种价值管理,主要利用资金、成本、收入、利润等价值指标,运用财务预测、财务决策、财务运算、财务控制、财务分析等手段组织企业中价值的形成,实现分配。它还具有很强的综合性。企业生产经营活动的复杂性,决定了企业管理必须包括多方面的内容,如生产管理、技术管理、劳动人事管理、设备管理、销售管理、财务管理等。各项工作互相联系、紧密配合,同时有科学的分工,具有各自的特点。

财务管理的特点有如下几个方面。

（一）财务管理是一项综合性管理工作

企业管理在实行分工、分权的过程中形成了一系列专业管理,有的侧重于使用价值的管理,有的侧重于价值的管理,有的侧重于劳动要素的管理,还有的侧重于信息的管理。社会经济的发展,要求财务管理主要运用价值形式对经营活动实施管理。

（二）财务管理与企业各方面具有广泛联系

在企业中,一切涉及资金的收支活动,都与财务管理有关。事实上,企业内部各部门与资金不发生联系的现象是很少见的。因此,财务管理的触角,常常伸向企业经营的各个角落。每个部门都会通过资金的使用与财务部门发生联系。每个部门也都要在合理使用资金、节约资金支出等方面接受财务部门的指导,受到财务制度的约束,以此来保证企业经济效益的提高。

（三）财务管理能反映企业经营状况

在企业管理中,决策是否得当,经营是否合理,技术是否先进,产销是否顺畅,都可迅速地在企业财务指标中得到反映。

附录一 我国关于创新创业的政策和通知（选）

1.《国务院办公厅关于发展众创空间推进大众创新创业的指导意见》（国办发〔2015〕9号）

2.《国务院办公厅关于加快众创空间发展服务实体经济转型升级的指导意见》（国办发〔2016〕7号）

3.《国务院办公厅关于深化高等学校创新创业教育改革的实施意见》（国办发〔2015〕36号）

4.《国务院办公厅关于支持农民工等人员返乡创业的意见》（国办发〔2015〕47号）

5.《国务院关于大力推进大众创业万众创新若干政策措施的意见》（国发〔2015〕32号）

6.《国务院关于加快构建大众创业万众创新支撑平台的指导意见》（国发〔2015〕53号）

7.《国务院关于进一步做好新形势下就业创业工作的意见》（国发〔2015〕23号）

8.《国务院办公厅关于同意建立推进大众创业万众创新部际联席会议制度的函》（国办函〔2015〕90号）

9.《高等职业教育创新发展行动计划（2015—2018年）》

10.《教育部关于大力推进高等学校创新创业教育和大学生自主创业工作的意见》（教办〔2010〕3号）

11.《教育部关于做好2015年全国普通高等学校毕业生就业创业工作的通知》（教学〔2014〕15号）

12.《教育部关于做好2016届全国普通高等学校毕业生就业创业工作的通知》

（教学〔2015〕12号）

13.《人力资源社会保障部办公厅关于进一步推进创业培训工作的指导意见》（人社厅发〔2015〕197号）

14.《人力资源社会保障部等九部门关于实施大学生创业引领计划的通知》（人社部发〔2014〕38号）

15.《人力资源社会保障部关于贯彻落实〈国务院关于进一步做好新形势下就业创业工作的意见〉的通知》（人社部发〔2015〕42号）

16.《人力资源社会保障部关于做好2016年全国高校毕业生就业创业工作的通知》（人社部函〔2016〕18号）

17.《关于支持开展小微企业创业创新基地城市示范工作的通知》（财建〔2015〕114号）

18.《关于创业投资引导基金规范设立与运作的指导意见》

19.《国家发展改革委办公厅关于进一步做好支持创业投资企业发展相关工作的通知》（发改办财金〔2014〕1044号）

20.《发展改革委、科技部、人力资源社会保障部、中科院关于促进东北老工业基地创新创业发展打造竞争新优势的实施意见》（发改振兴〔2015〕1488号）

21.《关于高校共青团积极促进大学生创业工作的实施意见》

22.《关于加强共青团促进青年创业就业服务体系建设的实施意见》

23.《国家知识产权局等五部委印发〈关于进一步加强知识产权运用和保护助力创新创业的意见〉的通知》（国知发管字〔2015〕56号）

24.《国家知识产权局关于知识产权支持小微企业发展的若干意见》（国知发管字〔2014〕57号）

25.《国土资源部、发展改革委、科技部、工业和信息化部、住房城乡建设部、商务部关于支持新产业新业态发展促进大众创业万众创新用地的意见》（国土资规〔2015〕5号）

26.《科技部关于进一步推动科技型中小企业创新发展的若干意见》（国科发高〔2015〕3号）

27.《人民银行、财政部、人力资源社会保障部关于进一步改进小额担保贷款管理积极推动创业促就业的通知》（银发〔2018〕238号）

28.《国务院办公厅关于推广第三批支持创新相关改革举措的通知》（国办发〔2020〕3号）

附录二 海南省关于创新创业的政策和通知（选）

1. 《海口市人民政府关于印发〈海口市人民政府关于鼓励科技创新的若干政策〉及实施细则的通知》（2019年7月19日）

2. 《海南省人力资源和社会保障厅 海南省财政厅关于做好失业保险支持企业稳定岗位工作的通知》（2015年11月5日）

3. 《海南省科学技术厅关于举办第八届中国创新创业大赛海南赛区暨海南省第五届科创杯创新创业大赛的通知》（2019年4月30日）

4. 《海南省教育厅关于印发〈海南省教育行业创新创业人才确认暂行实施细则〉的通知》（2019年3月7日）

5. 《关于开展海口市2018年度科技创新创业团队评选工作的通知》（2018年5月11日）

6. 《关于印发〈海口市促进小微企业创业创新若干措施〉的通知》（2017年5月31日）

7. 《海口市科学技术工业信息化局关于组织申报2020年度国家小型微型企业创业创新示范基地和海南省小型微型企业创业创新示范基地的通知》（2020年3月25日）

8. 《海口市科学技术工业信息化局关于申报兑现2018年度海口市创新创业载体建设相关政策的通知》（2019年11月20日）

9. 《海口市科学技术工业信息化局关于组织申报2019年度国家小型微型企业创业创新示范基地和海南省小型微型企业创业创新示范基地的通知》（2019年4月1日）

10. 《海口市人民政府关于公布2018年度市拔尖人才和科技创新创业团队名单的通知》（2019年1月5日）

11.《海南省工业和信息化厅关于征集2018年"创客中国"创新创业大赛项目的通知》(2018年5月22日)

12.《海口市科学技术工业信息化局关于开展2017年海口市促进小微企业创业创新专项资金使用管理培训的通知》(2017年10月11日)

13.《海口市科学技术工业信息化局关于申报2017年海口市促进小微企业创业创新专项资金项目(第二批)的通知》(2017年9月7日)

14.《海口市科学技术工业信息化局关于申报2017年海口市促进小微企业创业创新专项资金项目(第一批)的通知》(2017年6月30日)

15.《海口市人力资源和社会保障局关于〈海口市科技创新创业平台管理办法(征求意见稿)〉征求意见的复函》(2020年3月6日)

16.《海口市科学技术工业信息化局关于征求〈海口市科技创新创业平台管理办法(征求意见稿)〉修改意见的函》(2020年3月2日)

17.《关于对〈关于鼓励支持返乡大学生创业创新的实施意见(征求意见稿)〉的意见》(2019年6月26日)

18.《关于做好海口市创新创业示范基地、众创空间、公共服务平台登记入库管理的通知》(2018年5月29日)

19.《海口市规划委员会关于"复兴城 互联网创新创业园总部大厦"项目 未按规定办理验线手续的函》(2018年3月21日)

20.《海口市科学技术工业信息化局关于落实〈海口市人民政府关于支持中小企业应对新型冠状病毒肺炎疫情政策措施〉创业创新载体减免租金补贴的申报通知》(2020年2月26日)

21.《关于申报2015年省级创业投资引导基金参股子基金的通知》(2015年3月16日)

22.《海口市青年就业创业见习基地见习人员招收公告》(2010年10月28日)

23.《关于申请发放职业技能创业培训等经费补贴的公示》(2020年3月16日)

24.《海口市民政局关于同意海口市退役军人就业创业协会成立登记的批复》(2019年12月2日)

25.《海口市人民政府办公厅关于印发〈海口市创业担保贷款实施办法〉的通知》(2018年1月25日)

26.《关于转发〈海南省人民政府关于印发海南省人民政府推进制度创新十一条措施〉和〈制度创新成果考核评估办法的通知〉的通知》(2019年6月20日)

27.《海口市公安局关于〈海南省鼓励和支持青年创业若干措施(征求意见

稿)〉的意见》(2018年4月9日)

28.《关于对〈海南省鼓励和支持青年创业若干措施(征求意见稿)〉的回复意见》(2018年4月8日)

29.《海口市民政局关于同意海口市青年电商创业协会成立登记的批复》(2017年12月9日)

30.《海口市人力资源和社会保障局关于进一步支持重点群体创业就业有关工作的通知》(2019年12月17日)

31.《关于修改〈海南省加快发展创业投资的措施〉第十七条措施的函》(2019年7月8日)

32.《海口市工商局企业注册局创新举措积极快速服务市场主体》(2018年5月26日)

33.《关于转发〈海口市科技型中小企业创新资金项目〉的通知》(2017年7月13日)

34.《海口市科学技术工业信息化局关于海口市科技型中小企业创新资金项目验收结果的通知》(2018年1月15日)

35.《关于征集海口市海洋经济创新发展示范城市项目牵头单位的公告》(2019年12月10日)

36.《海口市人力资源和社会保障局关于制度创新先导项目意见的复函》(2019年5月16日)

37.《海口市工商局企业注册局创新举措积极快速服务市场主体》(2019年5月5日)

38.《关于〈海南省深化服务贸易创新发展试点实施方案〉的修改意见》(2018年7月18日)

39.《关于营商环境指标框架内容及创新开放政策体系对比情况的意见》(2018年5月14日)

40.《关于江东新区5G创新战略合作协议修改意见的复函》(2019年7月10日)

41.《关于做好2013年低碳技术创新及产业化示范工程中央投资项目申报工作的通知》(2013年2月25日)

42.《海口市人民政府关于印发〈海口市人民政府关于鼓励科技创新的若干政策〉及实施细则的通知》(2019年7月19日)

43.《海口市自然资源和规划局关于征集海口市海洋经济创新发展示范城市项目的公告》(2019年10月16日)

44.《关于海口市江东新区 5G 创新应用推进计划（征求意见稿）的回复意见》（2019 年 8 月 7 日）

45.《关于做好国家发改委调研组调研海口创新驱动战略工作的函》（2018 年 5 月 14 日）

46.《关于征求〈关于推进供应链创新与应用实施意见〉修改意见的复函》（2020 年 3 月 3 日）

47.《关于报送贯彻落实国务院关于支持自由贸易试验区深化改革创新若干措施工作进展情况的函》（2019 年 4 月 12 日）

48.《共青团海口市委员会关于开展海口市农村青年创业致富示范基地创建工作的通知》（海团字〔2015〕68 号）（2015 年 10 月 15 日）

49.《海口市创业小额担保贷款暂行办法》（海府〔2009〕98 号）（2009 年 9 月 15 日）

50.《海口市人力资源和社会保障局关于组织开展 2018 年度中国留学人员回国创业启动支持计划申报工作的函》（2018 年 1 月 31 日）

51. 海南省人民政府办公厅《关于进一步做好当前和今后一段时期就业创业工作的实施意见》政策措施的复函（2013 年 1 月 20 日）

52.《海口市人民政府办公厅关于印发〈海口市创业担保贷款实施办法〉的通知》（海府办〔2018〕18 号）（2018 年 1 月 30 日）

53.《海口市人力资源和社会保障局关于公布 2018 年海口市"创业脱贫致富之星"获奖名单的通知》（2018 年 12 月 4 日）

54.《海口市人力资源和社会保障局关于到市人力资源开发局开展就业创业政策巡回培训暨就业扶贫工作督导的通知》（2018 年 9 月 19 日）

55.《海口市人力资源和社会保障局关于开展 2019 年"创业政策进高校"专项服务活动的通知》（2019 年 10 月 14 日）

56.《海口市人力资源和社会保障局关于将"创业一张图"信息系统纳入"椰城市民云"的函》（2019 年 9 月 18 日）

57.《国家统计局海口调查队关于开展海口市大学生就业创业情况调查的函》（海调函〔2019〕22 号）（2019 年 5 月 23 日）

58.《关于再次征求〈海南省鼓励和支持青年创业若干措施（征求意见稿）〉修改意见的复函》（2018 年 4 月 9 日）

59.《海口市"十三五"海洋经济创新发展示范市拟扶持项目名单（第一批）公示》（2018 年 6 月 20 日）

60.《海口市秀英区秀英街道办事处关于帮助残疾人就业创业、合理设置爱心早餐点的复函》(秀街办函〔2019〕256号)（2019年12月18日）

61.《关于邀请出席2019中国（海南）直通硅谷区块链创新应用大赛启动会暨全球数字经济高峰论坛的函》（2019年8月7日）

62.《海口市园林和环境卫生管理局关于对〈海口市江东新区5G创新应用推进计划（征求意见稿）〉意见的复函》（2019年8月6日）

63.《海南省人民政府印发〈海南省关于当前和今后一个时期进一步促进就业工作的若干措施〉的通知》（2018年12月14日）

64.《海南省财政厅 海南省人力资源和社会保障厅关于印发〈海南省失业保险基金支持职业技能提升行动资金管理办法〉的通知》（2019年12月3日）

65.《海南省教育厅关于组织大学生参加2019年中美青年创客大赛海口赛区选拔赛的通知》（琼教外〔2019〕66号）（2019年5月16日）

66.《海南省教育厅关于做好2019年省级和国家级大学生创新创业训练计划项目申报工作的通知》（琼教高〔2019〕41号）（2019年3月18日）

海南高校毕业生创业政策

1. 工商登记：大学生从事个体经营，可放宽注册资本登记条件，取消公司最低注册资本限额，实行网上登记，并免收各类登记费。

2. 个体经营税收减免：大学生从事个体经营并符合相关规定、遵纪守法的，在3年内按每户每年9600元为限额依次扣减其当年实际应缴纳的营业税、城市维护建设税、教育费附加、地方教育附加和个人所得税；创办小型微型企业的，按规定享受减半征收企业所得税，月销售额不超过2万元的暂免征收增值税等。

3. 创业培训：海南省毕业学年的大学生参加创业培训，培训合格后取得《创业培训合格证书》的，给予每人1600元的创业培训补贴。

4. 财政贴息：大学生自主创业，可在创业地按规定申请小额担保贴息贷款；在电子商务平台开办"网店"的，可申请10万元的小额担保贷款，并享受2年期限的财政贴息扶持。

5. 资金奖励：毕业年度的大学生首次自主创业3年内，带动3~5人就业，给予一次性促进就业奖励补贴3000元；带动6人以上就业，给予一次性促进就业奖励补贴5000元。

6. 创业服务：大学生创业项目可申请入驻政府扶持的各类创业孵化基地，

符合条件的给予2年房租、水电和物业管理费等补贴,基地所属公共就业和人才服务机构将为其提供项目策划、开业指导、融资服务、档案托管、人事代理等"一条龙"服务。

海南高校毕业生就业政策

1. 实名登记:对前来报到或求职的离校未就业高校毕业生实行实名制就业服务,力争在离校前获得未就业高校毕业生实名信息,并做好未就业毕业生离校前后的跟踪管理,切实保证服务不断线。

2. 就业见习:离校3年内未就业的海南省全日制普通高校毕业生、省外全日制普通高校海南籍毕业生,以及我省技师学院高级工班、预备技师班和特殊教育院校职业教育类毕业生可申请参加为期3个月至12个月的就业见习活动,给予每月最高不超过800元的见习补贴。对见习期满留用率达到50%以上的见习单位,提高见习补贴标准。

3. 社保补贴:小型微型企业招用具有本省户籍的毕业年度高校毕业生(不含劳务派遣机构派至用工单位的毕业生),签订1年以上劳动合同并按时足额缴纳社会保险费的,按实际招用人数,对企业缴纳的社会保险费给予全额补贴(不含个人应缴纳的社会保险费)。

4. 鉴定补贴:我省毕业年度高校毕业生到各级人力资源社会保障部门批准的职业技能鉴定机构参加初次职业技能鉴定或专项职业能力考核,并取得职业资格证书或专项职业能力证书的,可申请一次性职业技能鉴定补贴。

5. 岗前培训:小型微型企业新招用毕业后三年内未就业的高校毕业生并与其签订6个月以上劳动合同且缴纳各项社会保险的,在劳动合同签订之日起6个月内,组织开展岗前培训,可申请岗前培训补贴。

6. 灵活就业:离校1年内未就业高校毕业生办理实名登记并按规定缴纳养老和医疗保险费的,按其实际缴费数额(缴费基数最高不超过上年度社会平均工资标准)的66%给予补贴,期限最长不超过2年。

7. 求职创业补贴:在毕业年度内有就业创业意愿并积极求职创业的城乡居民最低生活保障家庭、残疾和已获得国家助学贷款的我省高校毕业生,以及我省技师学院高级工班、预备技师班和特殊教育院校职业教育类毕业生,按每人1500元标准发放一次性求职补贴。

8. 职业介绍:职业中介机构推荐登记失业的高校毕业生成功就业并符合有关规定的,给予职业介绍补贴。

参考文献

［1］汤锐华．大学生创新创业基础［M］．北京：高等教育出版社，2016．

［2］吴运迪．大学生创业指导［M］．北京：清华大学出版社，2012．

［3］李伟，张世辉．创新创业教程［M］．北京：清华大学出版社，2015．

［4］黄诚．大学生职业规划与就业指导［M］．长春：吉林大学出版社，2013．

［5］陈姗姗．大学生职业生涯规划与就业创业指导［M］．重庆：重庆大学出版社，2017．

［6］陈永奎．大学生创新创业基础教程［M］．北京：经济管理出版社，2015．

［7］张美云，王丽．应用文写作［M］．北京：清华大学出版社，2014．

［8］陈霞，陈刚．大学生职业生涯规划指导［M］．北京：中国铁道出版社，2012．

［9］孙伟，李长智．创新创业教程［M］．北京：清华大学出版社，2017．

［10］张国良．企业战略管理［M］．杭州：浙江大学出版社，2011．

［11］张国良．创业学战略与商业模式［M］．北京：清华大学出版社，2017．

［12］赵居川．大学生创新创业指导教程［M］．北京：中国原子能出版社，2018．

［13］汤中彬，张扬，刘岩．管理学基础［M］．天津：天津科学技术出版社，2016．

［14］杨滟．管理学基础［M］．北京：北京工业大学出版社，2018．

［15］李鹏林．大学生职业生涯规划与就业指导［M］．北京：中国农业大学出版社，2015．

［16］金桂生，宋永高，彭学兵．管理学：理论与实践［M］．杭州：浙江大学出版社，2010．

［17］周开全．管理学原理［M］．北京：科学出版社，2012．

［18］王小锋．创新筑梦 创业远航：从思维创新到实践创业［M］．上海：上海交通大学出版社，2018．

[19] 师瑞德. 第一次当老板就上手[M]. 合肥：安徽人民出版社，2012.

[20] 叶敏，谭润志，杨荣. 大学生创新创业教育[M]. 上海：上海交通大学出版社，2018.

[21] 李振勇. 商道逻辑：成功商业模式设计指南[M]. 北京：中国水利水电出版社，2009.

[22] 张德山. 大学生创业教育[M]. 镇江：江苏大学出版社，2015.

[23] 郭金玫，珠兰. 大学生创新创业基础[M]. 上海：上海交通大学出版社，2017.

[24] 苗苗，刘鑫，黄晓波，等. 互联网创业管理[M]. 成都：西南交通大学出版社，2017.

[25] 张少平，陈建兰. 创业筹划[M]. 广州：华南理工大学出版社，2012.

[26] 屈云波. 营销企划实务：上册[M]. 北京：企业管理出版社，1997.

[27] 张国良，张付安. 市场营销策划[M]. 杭州：浙江大学出版社，2013.

[28] 陈承欢，杨利军，高峰. 创新创业指导与训练[M]. 北京：电子工业出版社，2017.

[29] 张国良，赵素萍. 商务谈判[M]. 杭州：浙江大学出版社，2010.

[30] 吕强，张健华，王飞. 创新创业基础教育[M]. 成都：电子科技大学出版社，2017.

[31] 刘志迎. 市场营销十八讲[M]. 北京：中国商业出版社，2004.

[32] 张红霞，刘雪梅. 大学生创业基础[M]. 北京：北京大学医学出版社，2016.

[33] 李仉辉，康海燕. 创业投资管理[M]. 上海：立信会计出版社，2016.

[34] 孙前进，孙静. 连锁企业经营管理[M]. 北京：中国发展出版社，2015.

[35] 李燕. 创业基础[M]. 北京：北京理工大学出版社，2018.

[36] 贾洪芳，韩鹏. 广告策划[M]. 北京：北京大学出版社，2010.

[37] 郑海涛，王慧秋. 高职学生创新创业教程[M]. 哈尔滨：哈尔滨工程大学出版社，2017.

[38] 陈工孟，孙惠敏. 机会识别与项目选择[M]. 北京：经济管理出版社，2017.

[39] 刘子仲. 大学生零投资创业指南[M]. 天津：天津科学技术出版社，2010.

[40] 邢群麟，郭亚维. 成功企业管理工具库：第3卷[M]. 北京：华龄出版社，2007.

[41] 盘健. 大学生创业基础与实践[M]. 北京：清华大学出版社，2018.

[42] 彭鸿广．创业企业融资和运营协同决策研究综述[J]．技术经济与管理研究，2017（5）：29-33．

[43] 张耘，吴向阳，胡睿．国内主要区域创新创业生态系统现状分析[J]．今日科苑，2018（2）：24-29．

[44] 刘旭，张楠．试论企业人力资源管理的创新发展[J]．科学与信息化，2019（6）：157-159．

[45] 任丽丽，赵海民．创业融资，你的项目靠谱吗？[J]．企业管理，2018（12）：46-47．

[46] 洪菲．中小企业融资方式选择及影响因素分析[J]．环球市场，2019（29）：18，21．

[47] 徐睿，张海鹰，刘勇．大学生创业如何预测和筹集资金[J]．商业经济，2009（22）：27-28．

[48] 王军红．浅析新产品的开发策略[J]．新商务周刊，2019（10）：207．

[49] 陶诗秀．六大方式解决个人融资难[J]．经营管理者，2009（9）：99-100．

[50] 张敏．产品定位细分市场的时代到来了[J]．中关村，2019（10）：78．

[51] 杨童．浅谈不同成长阶段下中小企业融资方式选择[J]．财会学习，2019（17）：216．

[52] 戴雨欣．新形势下企业人力资源管理优化方法探讨[J]．中国管理信息化，2019（2）：114-115．

[53] 苗苗，王耀卫，张晨洋，等．创新创业竞赛辅导课程：路演技巧[J]．教育教学论坛，2019（33）：26-27．

[54] 马晓婕．人力资源外包风险及规避对策分析[J]．经营管理者，2009（9）：100．

[55] 庄真．公益创投参与社区养老的可行性分析[J]．现代营销（经营版），2019（6）：58-60．

[56] 柴仲远．关于加强企业人力资源薪酬管理的探索与思考[J]．中国商论，2019（1）：129-130．

[57] 魏春生，孙士涛．基于财务管理中的利润问题研究[J]．中国管理信息化，2013（6）：7-8．

[58] 田源．谈营销策划书的编制[J]．广西商业经济，1999（Z2）：11-13．

[59] 马御寒．关于新时期煤矿人力资源管理创新的思考[J]．新商务周刊，2019（7）：184．

［60］方璇.中小企业内部控制问题研究：基于损益报表质量视角[J].中国商论，2019（18）：107-108.

［61］迪丽努尔·热合曼.新疆大学生创业政策分析与对策研究[J].人间，2016（25）：193-194.

［62］吕国辉.区域文化在长三角区域创新系统中的地位和作用[J].兰州学刊，2009（3）：84-86.

［63］曹茜，魏前进.企业人力资源管理的创新发展策略探究[J].商品与质量，2018（49）：12.

［64］张贵，李佳钰，郭婷婷.创新生态系统、高技术产业与京津冀协同发展新动能：基于我国三大区域行业数据的比较分析[J].河北工业大学学报（社会科学版），2017（2）：1-7.

［65］陶昌武."注册资本登记制度改革"改了些什么[N].黔西南日报，2014-03-21（5）.

［66］李敬.网络经济"让梦想飞"[N].蚌埠日报，2014-07-04（A05）.

［67］叶洁纯，戴晓晓，郑佳欣，等.依托发达的制造业打造"创新生态链"[N].南方日报，2015-03-07（5）.

［68］梁新.抢抓机遇是顺势而为[N].科技日报，2015-10-16（8）.

［69］赵威.经济法：第4版[M].北京：中国人民大学出版社，2012.

编后记

  高等教育的目标不仅是传授专业知识，更是培养适应社会发展的综合型人才。在当今快速变革的时代，大学生面临着前所未有的机遇与挑战：科技革命催生新业态，产业升级重塑就业市场，职业路径日益多元化。在此背景下，创新创业能力、职业规划意识和就业竞争力已成为学生走向社会的核心素养。为此，我们编写了本系列教材，旨在构建贯穿大学四年的生涯发展教育体系，助力学生从校园到职场的顺利过渡。

  当前，全球正经历数字化、智能化的深刻变革。一方面，新技术、新模式不断涌现，为创新创业提供了广阔空间；另一方面，就业市场结构性矛盾突出，"慢就业""缓就业"现象增多，职业选择的复杂性显著提升。这一趋势对高等教育提出了新要求：学生不仅需要具备扎实的专业基础，更需要具备前瞻性的职业视野、灵活的应变能力和主动的进取精神。本系列教材的编写，正是顺应了这一时代需求。

  《创新引领未来　创业成就梦想》《投身创新演练　淬炼创业本领》教材聚焦创新思维与创业实践，通过案例解析与技能训练，帮助学生突破传统认知边界，培养机会识别、资源整合和风险应对能力；《规划职业理想　成就精彩人生》教材引导学生从大二开始科学规划学业与职业，通过行业分析和目标管理工具，建立个性化的成长路径；《掌握求职技巧　开启职业之门》针对大四学生的实际需求，涵盖简历制作、面试技巧、职业适应等内容，缩短学生与职场之间的认知差距。教材层层递进，形成"启蒙—规划—实践"的闭环，既符合学生成长规律，也契合社会对复合型人才的期待。教材的编写始终围绕"能力培养"这一核心。我们摒弃了空洞的理论说教，代之以任务驱动、情境模拟和实战演练，强调"做中学、学中悟"。我们深信，教育的本质是点燃学生内在的动力,鼓励学生主动探索、批判思考,而非被动接受知识。

世界永远属于那些敢于创新、善于规划、勇于行动的人。愿这套教材能陪伴大家在充满不确定性的时代,走出属于自己的确定性道路。

编　者

2025年5月